... da war ein Berg ganz aus Käse bestehend aus geriebenem Parmesan, auf dem Leute standen, die nichts anderes taten als Makkeroni und Ravioli zu machen und sie in Brühe zu kochen ..... in der Nähe floß ein Bächlein, das Vernaccia-Wein führte, den besten, den ich je trank, kein Tropfen Wasser war ihm zugesetzt.

Giovanni Boccaccio, *Das Decameron*

Sandra Rosi

FLORENZ
Die Kunst des Kochens

Illustration von Paola Boldrini

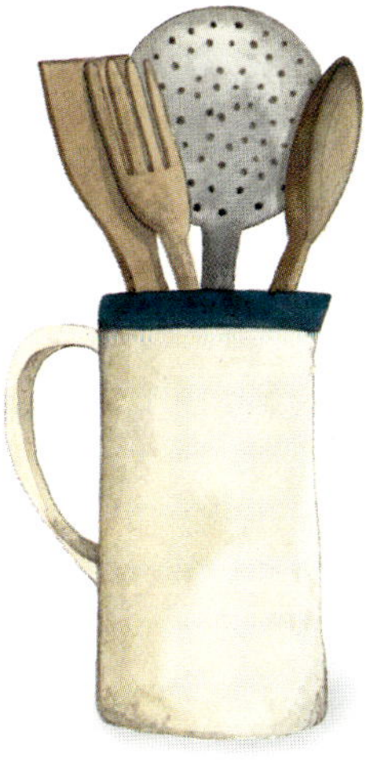

Mandragora

Piazza Duomo, 9 - 50122 Florenz
Graphische Gestaltung : *Lorenzo Gualtieri*
Illustration: *Paola Boldrini*
Fotolito: *Studio Leonardo* - Florenz
Druck: *Alpi Lito* - Florenz
Übersetzung: *Uta Grabowski*
ISBN 88-85957-17-X
Auf chlorfrei gebleichtem Papier gedruckt.

In diesem Buch durch die Florentiner Küche wollen wir Ihnen sowohl alte wie auch neue Gerichte vorstellen: ein kulinarischer Spaziergang durch die Jahrhunderte und die Gesellschaftsschichten. Von der buntgedeckten Tafel können Sie sich je nach Ihrem Geschmack oder auch Ihrem Geldbeutel bedienen.

Dabei werden Sie die drei für uns traditionellen Küchen kennenlernen. In der einfachen bäuerlichen finden Sie vor allem Brotsuppen, Hülsenfrüchte, Gemüse- und Eiergerichte, wogegen Rind- oder Schweinefleisch fast nie Verwendung finden. Hin und wieder gab es Huhn oder vielleicht mal einen Hasenbraten.

In der "gutbürgerlichen Küche", die vielleicht am ehesten unserer heutigen entspricht, finden wir ein großes Aufgebot an Gewürzen, Kräutern und schmackhaften Gerichten sowie eine schon ganz respektable Auswahl erlesener Weine. Nach der Hochzeit von Katharina de Medici mit Heinrich von Orléans im Jahre 1533 beeinflußt Italien selbst die französische Küche.

Da wir heute an ganz andere Geschmacksrichtungen gewöhnt sind, wurden einige Rezepte leicht abgewandelt oder mit früher unbekannten Kräutern angereichert.

Unsere Absicht ist zwar, die Traditionen zu wahren, doch auch das Neue trägt oft zur Bereicherung unserer Küche bei. Das beste Beispiel dafür finden wir in den einfachen Gasthäusern oder in den Familien selbst, wo die typischen Gerichte immer wieder neu abgewandelt, oder

sagen wir "erfunden" werden.
Drei Dinge machen die Tradition der Florentiner Küche aus: das ungesalzene knusprige Bauernbrot, das reine Olivenöl (extravergine) - das auch zum Frittieren mit Abstand am besten geeignet ist, aber nur einmal benutzt werden darf - und der Wein, zu dessen Liebhabern ich mich bekenne und dem ich deshalb ein eigenes Kapitel gewidmet habe.
Bei einer so einfachen Küche wie der unseren hängt natürlich sehr viel von der Frische und der Qualität der Zutaten ab. Insbesondere beim Gemüse sollten Sie darauf achten, es noch am selben zu verarbeiten und nicht erst im Kühlschrank "altern" zu lassen, da sonst nicht nur der Geschmack, sondern auch der Vitamingehalt beeinträchtigt werden.
Da ich bei Tisch gerne in Gesellschaft bin, sind alle Rezepte für sechs Personen vorgesehen. Wenn Sie aus Zeitmangel den Schnellkochtopf oder den Mixer benutzen müssen oder den Nudelteig schnell durch die Maschine drehen statt alles mit der Hand zu schneiden, so ist auch dagegen nichts einzuwenden. Vermeiden sollten Sie auf jeden Fall vorgekochte oder gar fertiggekochte Speisen, Bohnen in Dosen oder Tiefkühlkost. Selbst zum Suppenwürfel sollten Sie nur im äußersten Falle greifen.

Salse e Sughi

Saucen

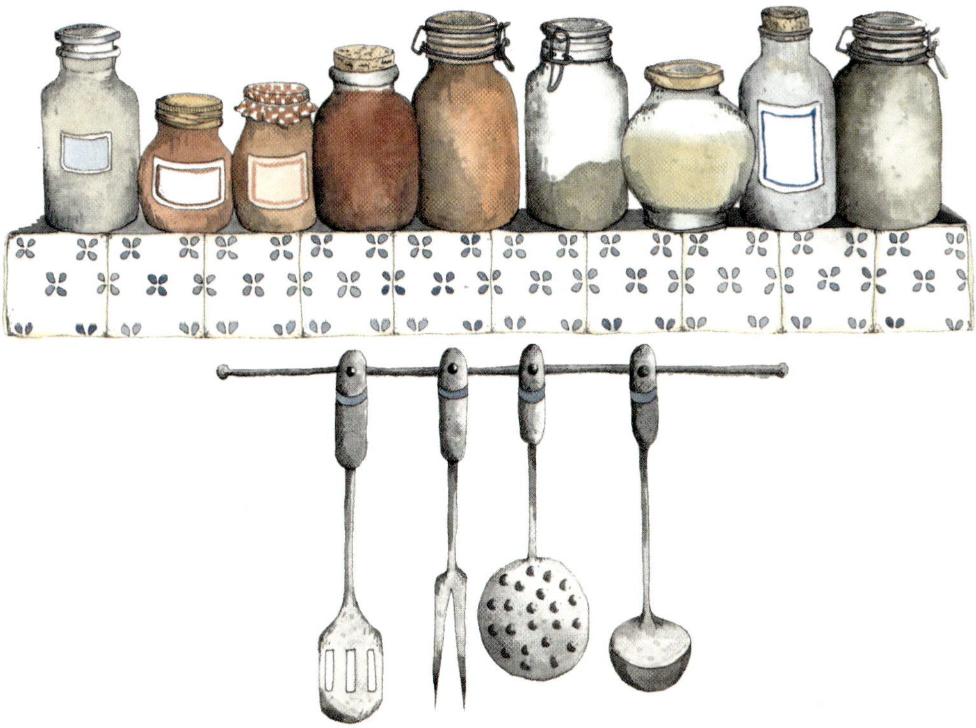

Die Küche in den alten Werken

Auf der Suche nach dem Ursprung der Florentiner Küche stieß ich auf die Werke berühmter Gastronomen aus den vergangenen Jahrhunderten. Die ältesten Überlieferungen stammen aus dem I. Jahrhundert nach Christus, und es handelt sich dabei um das in Latein geschriebene Büchlein De re coquinaria von Marco Gavio, allen besser bekannt als “Apicius”, einem Freund der guten Küche aus dem I. Jahrhundert vor Chr. Zwischen diesem ersten Rezeptbüchelchen und den anderen von mir aufgeführten liegen viele Jahrhunderte. Ende des dreizehnten, Anfang des vierzehnten Jahrhunderts sammelt der "Anonimo Toscano" in seinem Buch "Libro della cocina" (Buch der Küche) eine Reihe von Rezepten, bei denen jedoch genaue Mengenangaben und andere nützliche Einzelheiten fehlen. 1450 schreibt Maestro Martino sein "Libro de arte coquinaria" in Vulgärlatein, in dem er minutiös genau jeden Handgriff und jede Zutat beschreibt und somit einen großen Beitrag zur Kunst des Kochens leistet. Besonders geschätzt wurde Maestro Martini von Bartolomeo Sacchi, genannt "Platina" (1421-1481), der Maestro Martinis Rezepte erweitert und noch einmal neu niederschreibt. Im 16. Jahrhundert widmen sich viele diesem Thema. Von Cristoforo Messi Sbugo erscheint 1549 das Buch "Banchetti, composizioni di vivande et apparecchio generale" (Festtafeln, Zusammenstellung der Speisen und allgemeine Regeln zum Tischdecken), und von Domenico Romoli, genannt "Panunto", 1560 das Büchlein “La singolar dottrina...”. Beide, der eine in Ferrara, der andere in Florenz, beschreiben ihre Erfahrungen bei Hof, wo sie für die Mensen und die Zusammenstellung der Speisen verantwortlich sind. Sie stellen Bücher zusammen, in denen sie in allen Einzelheiten die "Kunst der Festtafel" beschreiben. Das Handbuch von Pietro Mattioli "Commentarii in sex libros Pedacii ..." geht auf das Jahr 1565 zurück, und im Jahre 1581 schreibt Vincenzo Cervio sein Büchlein "Il Trinciante", eine wahre Abhandlung, in der er erläutert, wie die Speisen zu schneiden sind, welche Messer benutzt werden müssen und wie man die Schneide pflegt. Gegen Ende des letzten Jahrhunderts stellt Pellegrino Artusi in seinem Werk “La scienza in cucina e l'arte di mangiar bene”(die Wissenschaft in der Küche und die Kunst, gut zu essen) Rezepte, Kuriositäten und Ratschläge zusammen, die seit Jahrhunderten zur Tradition unserer Küche gehören.

Burro e salvia

Buttersauce mit Salbei

Die Butter zerlassen, den Salbei waschen, trocknen und zur Butter geben. Leicht in der Butter anrösten, ohne dabei die Butter zu verbrennen. Dann über die Nudeln geben und gut zusammen mt dem Parmesan vermischen. Diese Schnellsauce ist ideal für Ravioli, eignet sich aber auch für alle kurzen Nudeln. In diesem Fall läßt man etwas Kochwasser der Nudeln zurück und vermischt Kochwasser, Nudeln und Buttersauce, hält sie für eine Minute auf kleiner Flamme und gibt dann den Parmesankäse hinzu. Die Sauce gibt den Nudeln eine cremige Bindung, und sollte das Ergebnis zu trocken sein, fügt man etwas Milch oder frische Sahne hinzu. Zum fertigen Nudelgericht gehört frischgemahlener Pfeffer.

Vorbereitungszeit:
5 Minuten.
Kochzeit:
5 Minuten.
100 g Butter
ein Sträußchen frische Salbeiblättchen
80 g geriebener Parmesan
schwarzer Pfeffer.

Salsa di pomodoro

Tomatensauce

Vorbereitungszeit:
10 Minuten.
Kochzeit:
20 Minuten.
500 g tomaten
4 El kaltgeschlagenes Olivenöl
1 Zwiebel
Salz
Basilikum.

Tomaten schnell heiß abbrühen, Haut abziehen und in Würfel schneiden. Öl in einen Topf geben, die in feine Scheiben geschnittene Zwiebel hinzufügen. Circa 10 Minuten dünsten, dann die Tomaten hinzufügen, salzen und 10 Minuten kochen lassen. Vom Feuer nehmen und frischen Basilikum hinzufügen. Diese Sauce, die im Sommer mit frischen, reifen Tomaten besonders gut schmeckt, kann man für jede Nudelart verwenden. Den frischgeriebenen Parmesankäse bei Tisch dazu reichen. Man kann die Nudeln auch kalt servieren, doch in diesem Fall fügt man noch in Würfel geschnittene Mozzarella hinzu, die das Gericht besonders erfrischend macht.

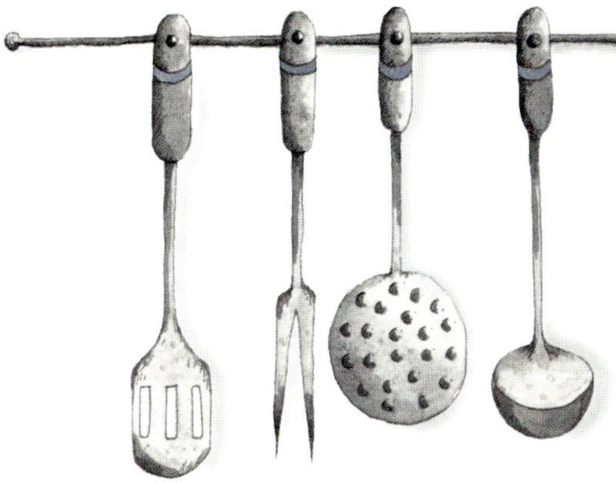

Sugo di pomodoro

Tomatensauce

Tomaten kurz abbrühen, Haut abziehen und in Stückchen schneiden. Öl und Knoblauch erhitzen, bis der Knoblauch goldgelb wird. Dann die Tomaten hinzufügen und 15 Minuten kochen lassen.Danach den Knoblauch herausnehmen und Basilikum hinzufügen.Für diese Sauce ist etwas Peperoncino, in Stückchen oder gemahlen, sehr zu empfehlen. Kann auch bei Tisch extra gereicht werden. Wenn Sie etwas geriebenen Käse möchten, rate ich zu gereiftem Pecorino. Besonders schmackhaft wird diese Sauce mit frischen reifen Sommertomaten. Die geeignetsten Nudeln sind kurze Makkaroni. Wenn Sie hausgemachte Nudeln machen wollen, dann rate ich Ihnen zu feinen Bandnudeln. Der Teig sollte ca. 2 mm dicksein.

Vorbereitungszeit:
10 Minuten.
Kochzeit:
20 Minuten.
500 g reife Tomaten
4 EL reines Olivenöl
1 Knoblauchzehen
Salz
rote Pfefferschote
(peperoncino).

Ragù di carne alla fiorentina

Fleischsauce Florentiner Art

Vorbereitungszeit:
15 Minuten.
Kochzeit:
50 Minuten.
1 Zwiebel
1 Karotte
1 Stange Sellerie
1 Sträußchen Petersilie
4 EL reines Olivenöl
300 g Hackfleisch
100 g Hühnerleber
und/oder Kaninchenleber
1 Glas Rotwein
700 g Tomaten
Salz.

Zwiebel, Karotte, Sellerie und Petersilie feinhacken und im Olivenöl kurz durchrösten. Das (nicht zu magere) Hackfleisch, die gesäuberte, gewaschene und in kleine Stücke geschnittene Leber hinzufügen. Salzen und unter ständigem Rühren 10 Minuten durchbraten. Wenn das Fleisch von allen Seiten gut angebraten ist, den Wein hinzugeben, verdampfen lassen. Danach klein stellen, die geschälten und passierten Tomaten hinzufügen. Auf ganz kleinem Feuer noch eine halbe Stunde kochen und mit Salz abschmecken.

Wenn Sie möchten, können Sie bei Tisch noch extra peperoncino reichen. Sollten Sie die Sauce lieber etwas dickflüssiger mögen, lassen Sie sie einfach noch zwei Stunden weiterköcheln. Sie werden eine völlig andere Sauce erhalten.

Sugo finto

Falsches Ragout

Zwiebel, Karotte, Sellerie und Petersilie feinhacken, Öl erhitzen, Gemüse hinzufügen und durchrösten. Dann die Tomaten, die vorher gebrüht, abgezogen und in Stückchen geschnitten werden, 10 Minuten auf mittlerer Flamme kochen lassen. Vom Feuer nehmen, frisch gehackte Petersilie hinzufügen und alles gut vermischen. Sie können zum Schluß noch etwas geriebenen Parmesankäse über die Nudeln geben. Um den Saucengeschmack kräftiger zu machen, können Sie dem zu röstenden Gemüse noch in Würfel geschnittenes Dörrfleisch beigeben und zusammen durchrösten. Diese Sauce paßt gut zu kurzen Nudeln. Es ist ein typisches Gericht der einfachen Küche, als Fleisch ein Luxus war. Nicht zuletzt wird es genauso zubereitet wie das Fleischragout, nur eben ohne Fleisch.

Vorbereitungszeit: 15 Minuten.
Kochzeit: 20 Minuten.
1 Zwiebel
1 Karotte
1 Stange Sellerie
1 Sträußchen Petersilie
4 EL reines Olivenöl
700 g Tomaten
100 g Dörrfleisch in zwei Scheiben geschnitten.

Salsa verde

Grüne Sauce

Vorbereitungszeit:
15 Minuten.
Kochzeit:
7 Minuten.
Ruhezeit:
30 Minuten
1 Ei
1 großer Strauß
Petersilie
300 g Brot
1 EL Weinessig
5 EL reines Olivenöl
Salz
Je nach Geschmack
kann hinzugefügt werden:
1 Sardellenfilet
1 Knoblauchzehe
etwas schwarzer Pfeffer.

Das Ei sieben Minuten kochen lassen, abkühlen und schälen. In einer kleinen Schale das Ei zerdrücken bis es cremig wird. Petersilie fein wiegen und hinzufügen. Altbackenes Brot einweichen, gut ausdrücken, zerkrümeln und mit den anderen Zutaten vermischen. Mit Öl, Essig und Salz anmachen und im Kühlschrank mindestens 30 Minuten ruhen lassen. Vor dem Servieren in eine Saucen- schüssel geben. Diese Sauce, die zu Kochfleisch gereicht wird, hat viele Varianten. Wer den kräftigeren Geschmack liebt, kann schwarzen Pfeffer darüberstreuen, feingehackten Knoblauch oder sogar ein zerdrücktes Sardellenfilet untermengen. Mit einigen Abwandlungen findet man schon bei Maestro Martino Hinweise auf dieses Rezept. Bartolomeo Sacchi schreibt dazu:“..... es ist eine nicht sehr nahrhafte Sauce, die den Magen und die Leber entzündet und auch noch schwer verdaulich ist. Sie ist aber gut gegen Verstopfung und regt den Appetit an”.

Besciamella

Béchamelsauce

Butter in eine Kasserolle geben und auf kleiner Flamme zum Schmelzen bringen, mit einem Holzlöffel langsam das Mehl einrühren und goldgelb werden lassen. Nach und nach die Milch hinzufügen, und unter ständigem Rühren mindestens 15 Minuten kochen lassen. Wenn die Sauce cremig geworden ist, vom Feuer nehmen, salzen, mit Muskat abschmecken und den Parmesan hinzufügen. Die Milch kann auch ganz oder teilweise durch Fleischbrühe ersetzt werden. Pellegrino Artusi meinte dazu: Eine gute Béchamelsauce und eine konzentrierte Fleischsauce sind die Grundlage, ich würde sagen das Geheimnis jeder feinen Küche."Da hat er nicht unrecht. Wahrscheinlich ist die Béchamelsauce aus Frankreich nach Italien "reimportiert" worden. Die "Biancomangiare", das heißt die ehemalige süße Sauce mit gestampften Mandeln, geht auf Maestro Martino zurück und wird später von Bartolomeo Sacchi übernommen.

Vorbereitungszeit:
5 Minuten.
Kochzeit:
15 Minuten.
50 g Butter
2 EL Mehl
1/2 l Milch
50 g Parmesan
Muskatnuß
oder statt Milch:
1/2 l Fleischbrühe.

Wie man den Tisch deckt

Der berühmte französische Gastronom Anthelme Brillat-Savarin sagte: "Jemanden einzuladen bedeutet, sich für die Dauer seines Aufenthaltes in unserem Hause um sein Wohlbefinden zu kümmern." Damit dies gelingt, sollte nicht nur der Gaumen auf seine Kosten kommen, sondern auch das Auge; sorgfältig vorbereitete Gerichte und ein mit ebensolcher Sorgfalt gedeckter Tisch tragen zum Gelingen eines jeden Essens bei.
Ich beschränke mich hier auf zehn wesentliche Punkte, die Sie bei Ihren Vorbereitungen beachten sollten.

1. Tischdecke und Servietten sollen weiß oder pastellfarben sein, um den Tafelaufsatz nicht zu stören.
2. Keine farbigen Gläser wählen, weil sie die Farbe des Weines alterieren.
3. Das Tafelgeschirr, elegant oder rustikal, weiß oder farbig, sollte nicht auffallend sein: zuviel Dekor stört den Anblick der Speisen, der ebenso wichtig ist wie der Geschmack.
4. Schmücken Sie Ihren Tisch auch mit einigen Blumen, ohne dabei zu übertreiben. Denken Sie daran, daß Sie sich mit Ihren Gästen unterhalten wollen. Deshalb vermeiden Sie zu üppige Blumenarrangements, die die Sicht behindern.
5. Kerzenlicht steigert die Atmosphäre eines Abendessens, doch die Leuchter sollten nicht zu monumental sein, es sei denn, Sie haben das Glück, ein Schloß zu bewohnen.
6. Das Besteck, aus Silber, Edelstahl oder anderem farbigen Material, hat seinen bestimmten Platz. Ganz außen liegen die zuerst benutzten Teile. Messer und Suppenlöffel liegen rechts vom Teller, wobei das Messer mit der Klinge nach innen liegen muß. Die Gabel liegt links vom Teller und daneben die Serviette. Quer, oberhalb des Tellers, liegt das Dessertbesteck: das Messer mit dem Griff nach rechts gleich oberhalb des Tellers und die Gabel mit dem Griff nach links gleich darüber. Sollte ein Dessertlöffel gebraucht werden, dann können Sie ihn zusammen mit dem Dessert auf den Tisch

bringen oder über die Kuchengabel legen, mit dem Griff nach rechts.
7. Die Gläser stehen rechts vom Teller: ganz außen das Wasserglas, dann das Weinglas und das Glas für Dessertwein oder den Sekt. Letzteres kann auch erst mit dem Dessert auf den Tisch gestellt werden.
8. Wenn Sie einen kleinen Teller für Brot auf den Tisch stellen wollen, dann links neben die Gabel.
9. Wenn Sie Vorspeisen servieren, dann stellen Sie auf den flachen Teller einen kleinen, der danach durch einen tiefen ersetzt wird. Wenn Sie gleich mit dem ersten Gang beginnen, dann stellen Sie auf den flachen Teller einen tiefen.
10. Der benutzte Teller wird von links weggenommen, der saubere von rechts gereicht.

Antipasti

Vorspeisen

Affettati misti

Gemischter Aufschnitt

Das ist eine der typischen Florentiner Vorspeisen, die im Restaurant serviert werden. Zu Hause gab es sie nur an Festtagen. Im allgemeinen war es ein Zwischengang, der je nach Jahreszeit von frischem Pecorino, Ricotta, Raveggiolo, Saubohnen oder Feigen begleitet wurde. Dieses einfache Gericht muß aus ganz frischen Zutaten bester Qualität bestehen.

Der Aufschnitt wird kranzförmig auf einer Platte angerichtet und mit frischen Kräutern dekoriert. Dazu werden frische Brotscheiben gereicht. Als Wein paßt hier gut junger Chianti der Florentiner Hügel.

Vorbereitungszeit:
5 Minuten.
200 g luftgetrockneter Schinken
200 g Fenchelwurst (Finocchiona)
200 g Preßkopf
400g Brot
verschiedene Kräuter.

Baccelli e pecorino

Saubohnen und Schafskäse

Vorbereitungszeit:
30 Minuten.
Ruhezeit:
1 Stunde.
3 kg frische Saubohnen in der Hülse
400 g frischer Schafskäse (Pecorino)
reines Olivenöl
Salz
schwarzer Pfeffer.

Die Saubohnen enthülsen, in eine Salatschüssel geben und mit Öl, Salz und Pfeffer anmachen. Dann den frischen weichen Pecorino würfeln und zu dem Bohnensalat geben. Eine Stunde durchziehen lassen. Mit dunklem Brot servieren. Dieses Gericht kann auch als zweiter Gang gegessen werden, vor allem, wenn der erste Gang sehr nahrhaft und ausgiebig ist. Es ist aber auch ein schnelles Essen für den Sommer, wenn Sie Saubohnen mögen und Sie eine größere Portion einer kleinen Vorspeise vorziehen.

Formaggio con le pere

Käse mit Birnen

Die Birnen waschen, schälen, in Würfel schneiden und in eine Salatschüssel geben. Achten Sie darauf, daß der Saft nicht verlorengeht. Den Schafskäse ebenfalls würfeln und mit den Birnen vermischen. Vor dem Servieren 10 Minuten durchziehen lassen. Sie können etwas frisch gemahlenen Pfeffer darüberstreuen. Bedenken Sie, daß Äpfel und Birnen als Vorspeise appetitanregend sind. Deshalb eignet sich dieses Rezept besonders für all diejenigen,die keine Figurprobleme haben. Das Gericht eignet sich aber auch als Hauptgang, so daß keiner auf diesen Leckerbissen zu verzichten braucht.

Vorbereitungszeit:
20 Minuten.
Ruhezeit:
6 Birnen
400 g Schafskäse
schwarzer Pfeffer.

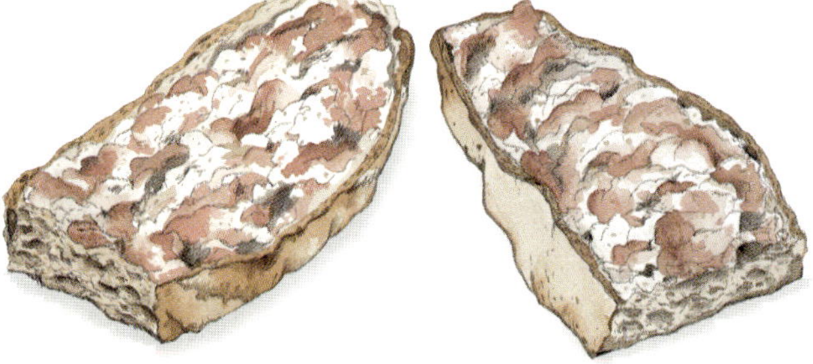

Crostini con salsiccia

Bratwursthäppchen

Vorbereitungszeit:
15 Minuten.
Kochzeit:
15 Minuten.
Zutaten:
3 frische grobe Bratwürste
300 g Weichkäse Stracchino
12 Scheiben Weißbrot

Von den Würsten die Haut entfernen und das Schweinemett in eine Schüssel geben, gut mit dem Stracchino vermischen. 10 Scheiben Brot ca. fingerdick abschneiden, im heißen Backofen 10 Minuten rösten.

Das Brot abkühlen lassen und anschließend mit der Wurst-Käse-Mischung bestreichen. Danach nochmals für 5 Minuten in den Backofen geben und ganz heiß servieren. Verwenden Sie ausschließlich frische Bratwürste aus Schweinefleisch, geräucherte sind dazu nicht geeignet.

Crostini di fegato

Leberhäppchen

Die Zwiebel in Scheiben schneiden und zusammen mit der feingehackten Karotte und dem ebenfalls gehackten Sellerie ins heiße Öl geben. Gut andünsten und dann die gesäuberte und grob gehackte Hühnerleber hinzufügen. Alles zusammen gut durchbraten. Eventuell etwas Weißwein oder Brühe auffüllen, falls die Leber zu trocken wird. Nach 20 Minuten vom Feuer nehmen, die Kapern hinzufügen sowie die Sardellenfilets, den Salbei und die Butter. Mit einem Wiegemesser diese Masse feinwiegen und auf die im Ofen leicht gerösteten Brotscheiben geben. Wer das Brot nicht so krokant mag, kann es zuvor mit einem EL Brühe anfeuchten und dann erst mit der Masse bestreichen. Diese Leberpastete kann auch in einer Terrine serviert werden, umlegt mit gerösteten Brotscheiben und Kräutern. Ursprünglich hieß diese Pastete "Peverada" und wurde auch mit Safran gewürzt, den man damals überall auf dem Land anbaute.

Vorbereitungszeit:
20 Minuten.
Kochzeit:
20 Minuten.
Für die Sauce:
1 Zwiebel
1 Karotte
1 Stange Sellerie
3 EL reines Olivenöl
300 g Hühnerleber
Weißwein oder Brühe
1 TL Kapern
4 Sardellenfilets
gehackter frischer Salbei
50 g Butter
500 g Weißbrot zum Bestreichen.

Salvia fritta

Ausgebackener Salbei

Vorbereitungszeit:
20 Minuten
Kochzeit:
20 Minuten
1 Sträußchen frischer Salbeiblätter
Sardellenfilets
Ausbackteig
reines Olivenöl
Salz.

Die Salbeiblätter waschen und gut abtrocknen. Für dieses Gericht sollten Sie nur die größeren Blätter auswählen. Je 2 zusammenlegen, ein Stückchen Sardellenfilet dazwschengeben, gut zusammendrücken und in den Ausbackteig tauchen, ins heiße Öl geben, ausbacken und auf saugfähigem Küchenpapier gut abtropfen lassen. Der Salbei ist bekannt für seine Heilkraft und seine gute Wirkung auf den Zahnschmelz. Benutzen Sie nur ganz frischen Salbei. Am besten Sie pflücken ihn im Spätfrühling, wenn die jungen Blätter gerade nachgewachsen sind. Am Rande ein kleines Kuriosum: Im Jahre 1545 ließ Cosimo I. den Giardino dei Semplici anlegen, um immer frische Kräuter zur Verfügung zu haben. Sie wurden sowohl in der Küche als auch in der Medikamentenherstellung benutzt. Der Garten ist noch heute für das Publikum zugänglich (in via La Pira).

Tonno e fagioli

Thunfisch und weiße Bohnen

In circa 2 l Wasser die weißen Bohnen mit dem Salbei, Knoblauch und Salz 60 Minuten leise kochen lassen. Die Bohnen dann in ein Sieb schütten und gut abtropfen lassen und mit dem Thunfisch auf den Tellern anrichten. Mit Öl und Pfeffer anmachen. Nach Belieben rohe Zwiebelringe und Kapern hinzufügen. Nach einem nahrhaften ersten Gang ist das der ideale zweite Gang. Wenn Sie in Eile sind, können Sie es auch als Hauptgericht servieren. Dazu reichen Sie gutes dunkles Bauernbrot. Weiße Bohnen gehören zu den Florentiner Spezialitäten. Frisch sind sie ganz besonders gut. Die Florentiner waren schon immer Bohnenliebhaber und aßen sie bereits vor der Entdeckung Amerikas, und zwar die Bohnenart mit dem dunklen Fleck, den sie "Auge" (occhio) nennen.

Vorbereitungszeit:
10 Minuten.
Kochzeit:
60 Minuten.
500 g frische enthülste weiße Bohnen
Salbei
200 g Thunfisch in Öl
Knoblauch
Salz
schwarzer Pfeffer
reines Olivenöl
nach Belieben:
frische Zwiebeln
in Essig eingelegte Kapern.

Pinzimonio

Rohes Frischgemüse mit Ölsauce

Vorbereitungszeit: 20 Minuten.
Stangensellerie
Karotten
Fenchelknollen
Blumenkohlröschen
Pinkelkohl
Artischocken
reines Olivenöl
Salz
schwarzer Pfeffer.

Für dieses appetitanregende einfache Gericht braucht man nicht nur ganz frische Zutaten, sondern auch das unverwechselbare Olivenöl der toskanischen Hügel, ansonsten sollte man lieber auf dieses Gericht verzichten. Das Gemüse säubern, schneiden und auf einer Platte anrichten. Jeder Tischgast bekommt ein Schälchen mit Öl, Salz und Pfeffer, in die er das Rohgemüse eintaucht. Die Gemüsearten variieren je nach Jahreszeit. Wenn Sie die Artischocken allein essen wollen, so können Sie sie als Salat zubereiten: in feine Scheiben schneiden, mit Öl, Salz, Pfeffer und einigen Parmesanbröckchen anmachen. Ein Kuriosum: früher wurden Artischocken auch als Dessert gereicht.

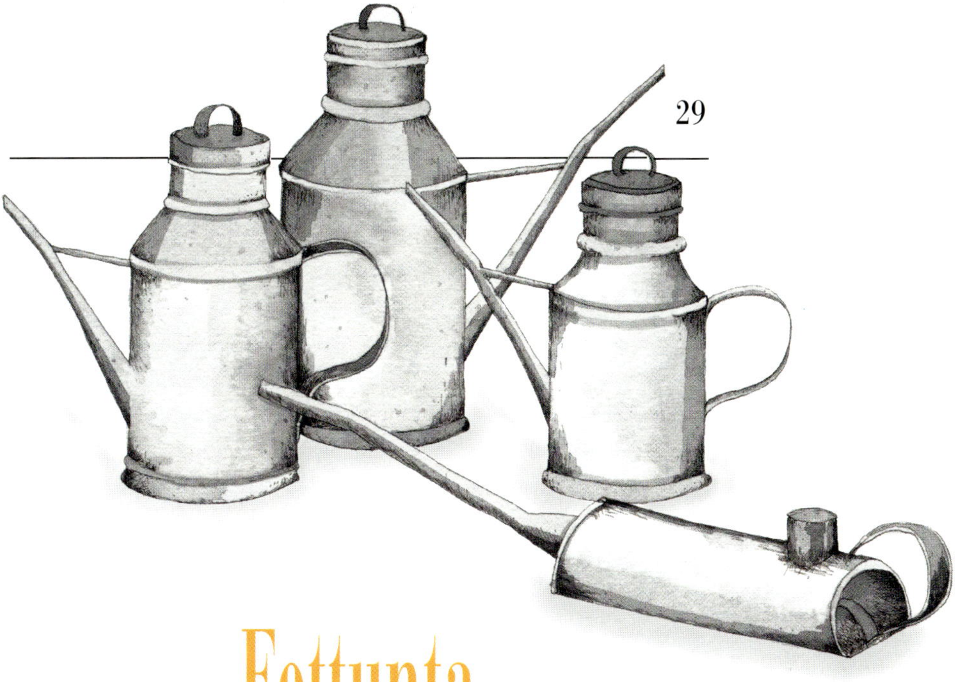

Fettunta

Geröstete Brotscheiben mit Öl

Es handelt sich um eine typisch winterliche Vorspeise, die mit dem frisch gepreßten Olivenöl zubereitet wird. Man kann sie auch das ganze Jahr über essen, aber dann hat sie nicht mehr den typisch pikanten Geschmack des frischen Olivenöls. Das Brot in fingerdicke Scheiben schneiden, rösten, mit Knoblauch einreiben, auf einer Platte anrichten, mit Öl beträufeln und mit Salz und Pfeffer würzen. Heiß servieren. Im Sommer kann man frisch gewürfelte Tomaten oder Tomatensauce auf die Brotscheiben geben. Im Winter dient dieses Brot auch als Base für gekochte weiße Bohnen. Man legt die Brotscheibe in einen tiefen Teller und fügt etwas vom dem Kochwasser hinzu. Dann mit Öl, Salz und Pfeffer anmachen.

Vorbereitungszeit:
10 Minuten.
Kochzeit:
10 Minuten.
Weißbrot
Knoblauch
Salz
reines Olivenöl
schwarzer Pfeffer.

Pane dorato

Ausgebackenes Brot

Vorbereitungszeit:
10 Minuten.
Kochzeit:
5 Minuten.
6 Scheiben
helles Brot
250 ml Milch
2 Eier
reines Olivenöl
Salz
Nach Belieben:
100 g Gruyère.

Eine Eisenpfanne halb hoch mit Öl füllen, das Brot in die Milch einweichen, die Eier mit dem Schneebesen schlagen, die Brotscheiben darin wenden und in dem heißen Öl goldbraun braten, je 2 Minuten pro Seite. Auf Küchenpapier abtropfen lassen, salzen und heiß servieren.

Man kann noch fein geschnittene Scheiben Gruyer-Käse auf das heiße Brot geben und schmelzen lassen. Mit diesem ausgebackenen Brot kann man auch eine ausgezeichnete Suppe machen.

Die ausgebackenen Brotscheiben in Würfel schneiden und zu einer Fleischbrühe reichen. Dieses Rezept findet sich bei Domenico Romoli, aber nach dem typischen Geschmack des Mittelalters und der Renaissance waren die Brothäppchen gezuckert und mit Zimt bestreut.

Torta salata

Gemüsetorte

Mehl, Wasser, Öl, eine Prise Salz zu einem festen Teig verarbeiten, 1/2 Stde. ruhen lassen. Den Teig dünn ausrollen, in eine gefettete Form geben. Die Füllung (Lauch, Mangold oder anderes Gemüse) in feine Streifen schneiden, mit dem würfelig geschnittenen Speck vermischen und in der Butter durchrösten. Die Eier schlagen, mit dem geriebenen Parmesan, Muskat und Salz vermengen und zu dem Gemüse geben. Gleichmäßig auf dem Teig verteilen. Bei 180° 30 Minuten im Ofen backen. Danach mit Petersilie dekorieren und servieren.

Vorbereitungszeit:
15 Minuten.
Ruhezeit:
30 Minuten.
Kochzeit:
30 Minuten.
300 g Mehl
250 ml Wasser (1/4 l)
3 EL reines Olivenöl
1 Prise Salz
500 g Lauch
(Mangold, Zwiebeln oder anderes Gemüse)
100 g Speck
2 Eier
100 g Parmesan
Muskatnuß
Salz.

Raveggiolo

Selbstgemachter Frischkäse

Vorbereitungszeit:
10 Minuten.
Ruhezeit:
20 Stunden.
1 l Milch
Käselab
Rucola
reines Olivenöl
Essig
Salz.

Das Käselab mit der Milch vermischen und in eine Schüssel geben, in die man ein feines Haarsieb stellt. Mindestens 20 Stunden ruhen lassen. Wenn die Masse puddingartig geworden ist, das Sieb herausheben, alle Flüssigkeit ablaufen lassen und den Käse auf eine Platte stürzen. Salzen, mit gezupfter Rucola bestreuen und mit Salz und Öl anmachen. Diese Käseart wird oft auch in kleineren Formen hergestellt und mehrere Monate zum Reifen stehenlassen. Wenn Sie einen kühlen Keller haben, sollten Sie das auch einmal ausprobieren. Die Formen auf Holzbretter stellen, damit der Käse Luft bekommt. Früher wurde dieser Käse "giuncata" (soviel wie "Binsenkäse") genannt, weil er in aus geflochtenen Binsen hergestellten Körbchen aufbewahrt wurde.

Primi piatti

Erster Gang: Nudelgerichte, Suppen

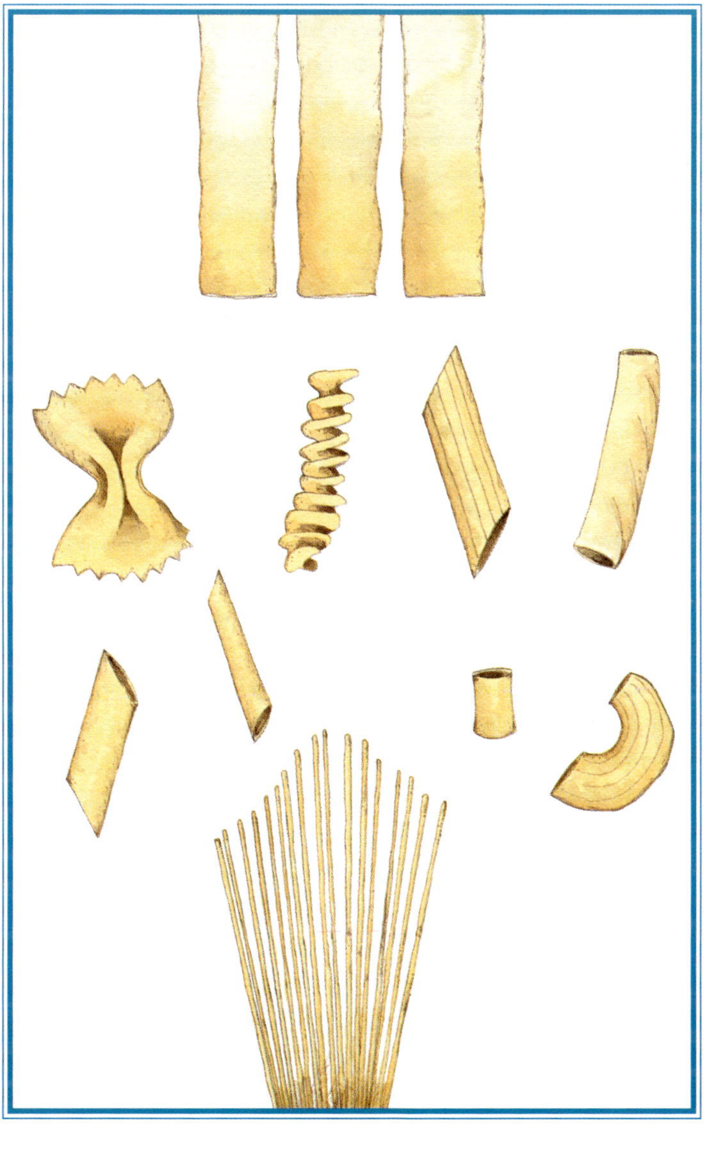

Wie man Nudeln richtig kocht

Unter allen Gerichten eignen sich Nudeln ganz besonders für zahlreiche Varianten; es gibt jedoch einige Grundregeln, die ich hier für Sie zusammengefaßt habe:

1. Kochen Sie die Nudeln in viel Wasser in einem großen Topf (1 l pro 100 g Nudeln)
2. Salzen Sie das Wasser erst, wenn es kocht, (10 g Salz pro Liter Wasser) wieder zum Aufkochen bringen und dann erst die Nudeln ins Wasser geben.
3. Sofort mit einer Holzgabel umrühren, damit sie nicht aneinander

kleben bleiben.
4. Bei frisch zubereiteten Nudeln fügen Sie ein Löffelchen Olivenöl bei. Damit vermeiden Sie das Ankleben.
5. Auf mittlerer Flamme halb zugedeckt kochen lassen, damit das Wasser nicht überläuft.
6. Die Nudeln "al dente" (bißfest) kochen und in ein Sieb abschütten (Ravioli nimmt man einzeln mit einem Schöpflöffel heraus, sobald sie an die Oberfläche kommen). Gut abtropfen lassen, wenn Sie die Nudeln gleich in die Teller geben. Lassen Sie etwas Kochwasser zurück, falls Sie die Nudeln vorher in einer Schüssel oder Pfanne anmachen. Das Kochwasser ist äußerst wichtig, um dicke Saucen zu verdünnen oder die Nudeln gut mit der Sauce zu verbinden.
7. Wenn Sie Spaghetti oder trockene Eierfadennudeln kochen, zerbrechen Sie sie nicht. Geben Sie sie in einen großen hohen Topf und drücken Sie sie allmählich, wenn sie weich zu werden beginnen, nach unten.
8. Man wählt die Nudelsorte nach der Sauce, mit der sie angerichtet werden soll: die frisch zubereiteten, vor allem feinen Bandnudeln, sind besonders für delikate Saucen mit Butter, Sahne, Kräutern oder Fisch geeignet. Die trockenen Nudeln sind besser für kräftige Saucen. Jedoch sollte jeder nach seinem eigenen Geschmack wählen, denn Beispiele für Ausnahmen finden wir genug in den Rezepten.

Pasta fresca

Hausgemachte Nudeln

Vorbereitungszeit:
20 Minuten.
Ruhezeit:
20 Minuten.
600 g Weizenmehl
1 EL reines Olivenöl
3 Eier
Salz.

Das Mehl in eine Schüssel oder auf ein Backbrett sieben, in die Mitte eine Vertiefung drücken, die Eier und 1 Deziliter Wasser hineingeben. Alles miteinander verrühren, bis ein glatter Teig entstanden ist.

Den Teig kräftig durchkneten, bis er sich vom Holzbrett löst. Eine Kugel formen und 10 Minuten ruhen lassen. Nudelbrett leicht mit Mehl bestäuben und den Teig mit dem Nudelholz sorgfältig ausrollen, bis ein millimeterdünnes Teigblatt entsteht. Noch einmal 10 Minuten ruhen lassen und dann den Teig in 30 cm breite Streifen schneiden, in der Breitseite aufrollen und dann zu Bandnudeln schneiden: Pappardellen 2,5 cm, Maccheroni 1,5 cm Tagliatelle 5 mm, Taglierini 2 mm.

Von einem unbekannten Toskaner: "Über die Lasagne. Gutes weifles Mehl nehmen, mit lauwarmem Wasser verrühren ..." Maestro Martino meint dazu: "Maccheroni ...... den Teig ein bißchen dicker ausrollen als für die Lasagne und um einen Stock wickeln ..."

Crespelle

Gratinierte Käsecrépes

Die Eier mit einer Prise Salz, der Milch, der geschmolzenen Butter schaumig schlagen und nach das Mehl einrühren. In einer mittelgroßen Pfanne wenig Fett erhitzen und nacheinander hauchdünne Pfannkuchen ausbacken. Für die Füllung: das Blattgemüse belesen, waschen und 10 Minuten in kochendem Salzwasser kochen. Abschütten, gut abtropfen lassen und ausdrücken. Dann fein zerschneiden und mit demEi,Parmesan, Ricotta, Salz und Muskatnuß vermengen. Die gefüllten Crépes in eine feuerfeste Form geben und bei 180° im Ofen 15 Minuten gratinieren. Dies ist ein typisches fleischloses Gericht,das besonders freitags oder während der Fastenzeit gegessen wird.

Vorbereitungszeit:
30 Minuten.
Kochzeit:
45 Minuten.
3 Eier
400 ml Milch
30 g Butter
120 g Mehl
Salz.
Für die Füllung:
1 kg Blattgemüse
250 g Ricotta
1 Ei
50 g Parmesan
Salz
etwas Muskatnuß.

Carabaccia

Zwiebelsuppe mit Mandeln und Zimt

Vorbereitungszeit:
20 Minuten.
Kochzeit:
40 Minuten.
100 g geschälte Mandeln
150 ml weißer Weinessig
1 Stange Zimt
1 kg Zwiebeln
4 EL reines Olivenöl
1 TL Zucker
1 l Fleischbrühe
6 Scheiben Weißbrot
Gruyère-Käse
Salz.

Die Mandeln zerstoßen und 1 Stunde mit dem Zimt im Essig weichen lassen. Die Zwiebeln feinhacken und im Öl dünsten. Mandeln abgießen und zu den Zwiebeln geben, Zucker, Salz und Fleischbrühe hinzufügen und ca. 30 Minuten kochen lassen. Das Brot rösten, in die Suppenteller geben und mit der Suppe übergießen. Geben Sie nun den geriebenen Gruyère darüber und lassen Sie die Suppe noch 10 Minuten im Backofen gratinieren. Die Zwiebeln, deren entzündungshemmende Wirkung schon die Etrusker kannten, gehören zu den Hauptzutaten der italienischen Küche. Eine Zwiebelsuppe findet sich schon in einem Rezept des römischen Koches Apicius (I. Jhd. v. Chr.). Bei Bartolomeo Sacchi ist zu lesen: "... regen sie die Wollust an und erhöhen ihre Kraft durch ihre Schmackhaftigkeit..." Während des Mittelalters und der Renaissance war diese Suppe sehr beliebt, wie wir bei Cristoforo di Messi Sbugo lesen können.

Zuppa di cipolle

Zwiebelsuppe

Die Zwiebeln in feine Ringe schneiden, in einen großen Steinguttopf geben und in der Butter unter ständigem Rühren anrösten. Sie dürfen nicht anhängen. Nach und nach das Mehl zugeben und weiterrühren. Langsam die heiße Brühe einrühren und 20 Minuten kochen lassen, gegen Ende der Kochzeit salzen. Das geröstete Brot in eine feuerfeste Auflaufform geben und die Suppe darüberschütten. Den in feine Streifen geschnittenen Käse gleichmäßig auf der Suppe verteilen und bei 180° im Backofen gratinieren. Artusi meint, daß man diese Suppe auch mit Milch zubereiten kann. Probieren Sie es einmal und entscheiden Sie dann selbst. Meiner Ansicht nach kann das Mehl durch 300 g in Würfel geschnittene Kartoffeln ersetzt werden.

Vorbereitungszeit:
20 Minuten.
Kochzeit:
30 Minuten.
1 kg Zwiebeln
80 g Butter
40 g Mehl
1 l Brühe
250 g Weißbrot
100 g Gruyère
oder Fontina Valdostana.

Ravioli nudi

Nackte Ravioli

Vorbereitungszeit:
30 Minuten.
Kochzeit:
15 Minuten.
2 kg Blattgemüse
500 g Ricotta
2 Eier
150 g Parmesan
2 EL Mehl
Salz
etwas Muskat.

Das Gemüse belesen, waschen und in einen Topf mit heißem Salzwasser geben. Ca. 10 Minuten kochen lassen, dann abschütten, erkalten lassen und gut ausdrücken. Ganz feinhacken, mit dem Ricotta, den Eiern, dem geriebenen Parmesan, Mehl und Muskat gut vermischen. Aus der Masse kleine Nockerln oder daumenförmige Röllchen (ca. 3 cm Durchmesser) formen. Mit Mehl bestäuben und solange ruhen lassen, bis das Wasser (ca. 3 l) kocht. Salzen, die Ravioli ins kochende Wasser geben und kochen lassen, bis sie an die Oberfläche steigen. Mit dem Schaumlöffel herausnehmen, auf einer Platte anrichten oder direkt auf die tiefen Teller geben. Man rechnet 9 Ravioli pro Person. Als Sauce können Sie eine Buttersauce mit Salbei, Tomatensauce oder Fleischsauce Florentiner Art wählen. In Florenz nennt man diese Art von Ravioli “gnudi”, der dialektalen Form von “ignudi”, was soviel wie “nackt” bedeutet. Unter diesem Namen waren sie schon in der Renaissance bekannt, und auch Domenico Romoli erwähnt sie in seinen Rezepten.

Tagliolini alla frantoiana

Feine Eierbandnudeln nach Ölmühlenart

Die Bandnudeln zubereiten und trocknen lassen. Alle Kräuter feinhacken und mit dem Knoblauch im frischgepreßten Olivenöl andünsten.

Die Nudeln kochen, mit den Kräutern vermengen, noch einmal kurz auf die Flamme stellen und mit reichlich geriebenem Parmesan oder Schafskäse servieren.

Sie können dieses Gericht mit schwarzem Pfeffer würzen und drei in Würfel geschnittene frische Tomaten hinzufügen. Reife Sommertomaten kann man roh hinzufügen. Diese Variante ist im Sommer empfehlenswert, wenn es kein frischgepreßtes Öl mehr gibt, das ja nur in einigen Herbstmonaten zur Verfügung steht. Denken Sie bitte daran, daß Olivenöl sich nicht länger als ein Jahr hält. Danach verliert es an Geschmack, oxidiert, enhält mehr Säure und ist somit schwerer verdaulich. Achten Sie deshalb auf das Verfallsdatum.

Vorbereitungszeit:
30 Minuten.
Kochzeit:
15 Minuten.
500 g frische feine Eierbandnudeln
Thymian
Rosmarin
Salbei, Minze und Majoran
reines Olivenöl (kaltgepreßt)
Parmesan oder Schafskäse.
Nach Belieben:
3 reife Tomaten
schwarzer Pfeffer.

Crema di porri

Lauchcremesuppe

Vorbereitungszeit:
20 Minuten.
Kochzeit:
30 Minuten.
1 kg Lauch
2 EL Mehl
Butter
200 g Brühe
2 Glas Milch
Petersilie
Parmesan
Salz.

Den Lauch in Ringe schneiden und in einem Steinguttopf in der Butter andünsten. Das Mehl hinzufügen, salzen und unter Rühren die Brühe aufgießen. 20 Minuten kochen lassen, vom Feuer nehmen und dann die Milch dazugeben. Alles durchpassieren. Noch 5 Minuten kochen lassen, dann gehackte Petersilie und geriebenen Parmesan darübergeben und servieren. Die Rezepte der Renaissance raten uns, mit Kümmel und Safran zu würzen. Man kann zu der Suppe in Butter geröstete Weißbrotwürfel reichen. Das Mehl kann durch 300 g kleingewürfelte Kartoffeln ersetzt werden. Dieses Gericht wurde besonders am 10. August, dem Fest von St.Lorenz, serviert. Das bezeugen die Dokumente der gleichnamigen Basilika, in denen auch auf eine Lauchtorte hingewiesen wird.

Pappa al pomodoro

Brotsuppe mit Tomaten

Zwiebel, Lauch, Karotte und Selleriestange feinhacken und im Öl gut dünsten.
Salzen, die Tomaten waschen, abziehen und in Würfel schneiden, zu dem Gemüse geben und mit dem Salbei und dem Basilikum 10 Minuten kochen lassen. Das Brot würfeln, zu dem Gemüse geben, Wasser nachgießen bis man eine nicht zu dicke Creme bekommt. Nicht zu heiß servieren und noch etwas frisches Olivenöl darüberträufeln. Nach Geschmack kann man mit etwas Peperoncino würzen. Der Vorgänger dieses alten Rezepts wurde ohne Tomaten zubereitet (Amerika mußte ja noch entdeckt werden) und auch ohne Gemüse. Die einzigen Zutaten waren Brot, Öl, Knoblauch und Salz. Dieser Brei wurde auch beim Abstillen der Kleinkinder benutzt.

Vorbereitungszeit:
25 Minuten.
Kochzeit:
20 Minuten.
1 Zwiebel
1 Stange Lauch
1 Karotte
1 Stange Sellerie
4 EL reines Olivenöl
400 g Tomaten
1 Zweig frischer Salbei
Basilikum
6 Scheiben altbackenes Bauernbrot (Weiß- oder Mischbrot)
Salz
Peperoncino.

Pasta e fagioli

Bohnensuppe mit Nudeln

Einweichzeit der weißen Bohnen:
12 Stunden.
Vorbereitungszeit:
15 Minuten.
Kochzeit:
2 Stunden 20 Minuten.
Ruhezeit:
5 Minuten.
500 g weiße Trockenbohnen (1 kg für frische Bohnen)
1 Zweig Salbei
5 Knoblauchzehen
Rosmarin
400 g kurze Nudeln (Typ: Ditali)
Peperoncino
200 g Tomaten
reines Olivenöl.

Die weißen Bohnen über Nacht einweichen, dann mit Salbei, 2 Knoblauchzehen und reichlich mit Wasser bedeckt auf kleiner Flamme in 2 Stunden (für frische Bohnen 1 Stde.) weich kochen. Zwei Drittel der Suppe durchpassieren. In einem Topf den restlichen Knoblauch und den Rosmarin dünsten, die rohen Nudeln hinzugeben, nach und nach die durchpassierten Bohnen hinzurühren und Peperoncino hinzufügen. Die abgezogenen und gewürfelten Tomaten dazugeben, kurz durchkochen und die Hälfte der nicht durchpassierten Bohnensuppe hinzufügen. Die Nudeln fertig garen, dann erst die restliche Bohnenbrühe dazugießen, eventuell nochmals mit Salz abschmecken. Zum Schluß die noch übrigen Bohnen dazugeben, 5 Minuten ruhen lassen, Rosmarin und Knoblauchzehen entfernen und dann servieren.

Strisce e ceci

Kichererbsensuppe mit Bandnudeln

Das Mehl mit 1/4 l Wasser und einer Prise Salz vermengen, gut durchkneten. Eine Kugel formen und ruhen lassen. Dünn ausrollen und in 1 cm breite Streifen schneiden. Auf einem Küchentuch ruhen lassen. Die Knoblauchzehen leicht im Öl anbräunen, den grob geschnittenen Sellerie hinzufügen, danach die abgezogenen und gehackten Tomaten zugeben. Die Kichererbsen gar kochen, die Hälfte davon zu den anderen Zutaten geben, salzen, zum Kochen bringen, die Nudeln darin "al dente" kochen. Sollte die Suppe zu sehr einkochen, heißes Wasser nachgießen. Den Rest der Kichererbsen durchpassieren und zu den Nudeln geben. Den Knoblauch und den Sellerie entfernen und mit Peperoncino, schwarzem Pfeffer und Olivenöl servieren. Statt Sellerie können Sie auch Rosmarin verwenden.

Einweichzeit:
12 Stunden.
Vorbereitungszeit:
40 Minuten.
Kochzeit:
2 1/2 Stunden.
Für die Nudeln:
300 g Weizenmehl
Salz.
Für die Suppe:
2 Knoblauchzehen
2 EL Olivenöl
4 Stangen Sellerie
(oder ein Zweig
Rosmarin)
3 kleine Tomaten
300 g Kichererbsen
Pfeffer
Peperoncino
Salz.

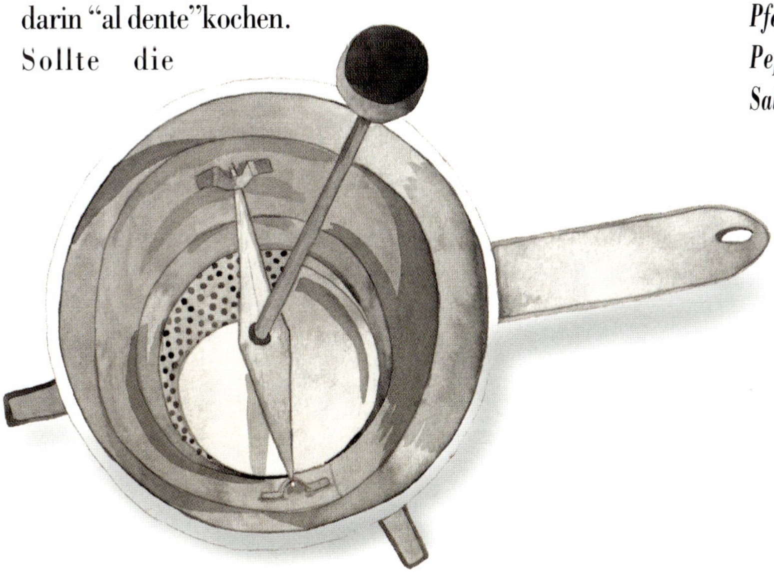

Ribollita

Gratinierte Kohlsuppe

Vorbereitungszeit: 20 Minuten.
Kochzeit: 1 Stunde 45 Min.
300 g Kartoffeln
300 g Wirsing
400 g Grünkohl
4 reife Tomaten
250 g weiße Bohnen
200 g Mangold
1 rote Zwiebel
3 Knoblauchzehen
2 Stangen Sellerie
2 Karotten
2 Zucchini
Thymian
4 EL reines Olivenöl
altbackenes Brot
Peperoncino
Salz.

Die weißen Bohnen für sich kochen, am besten am Vorabend, da sie sehr viel mehr Kochzeit brauchen als das restliche Gemüse. Das ganze Gemüse säubern, klein schneiden und in einen großen Topf geben, mit Wasser bedecken und 40 Minuten kochen lassen. Inzwischen die Zwiebel in Öl mit etwas Peperoncino andünsten, dann den Thymian dazugeben.
Darüber das in Stücke geschnittene Brot verteilen, die Gemüsesuppe zusammen mit den weißen Bohnen darübergießen. Zehn Minuten leise köcheln und dann ruhen lassen. Vor dem Servieren mit etwas Olivenöl beträufeln und bei 180° 20 Minuten im Backofen gratinieren. Nach Wunsch kann man vor dem Gratinieren noch einige rohe Zwiebelscheiben auf die Suppe geben, die der Suppe einen ganz besonderen Geschmack verleihen. Dann servieren und noch etwas frisches Öl hinzufügen.

Fette col cavolo nero

Brotscheiben mit Grünkohl

Den Kohl sorgfältig säubern, waschen und 1 Stunde in 1 1/2 l gesalzenem Wasser kochen lassen. Wenn die Kohlblätter weich sind, im Backofen geröstete dunkle Brotscheiben auf dem Teller verteilen, darüber etwas Kohlwasser geben und die grob gehackten Kohlblätter. Dann mit nach Möglichkeit frisch gepreßtem Olivenöl beträufeln und mit Salz und Pfeffer würzen. Die Florentiner haben schon immer Blattgemüse ganz besonders gern gegessen. Früher verkauften die "cialdonai" auf den Straßen geröstetes Brot mit gekochtem Blattgemüse belegt. Leider ist diese Tradition wie so viele andere verlorengegangen, aber man braucht bloß über die Märkte von S. Ambrogio und S. Lorenzo zu gehen, um dieses Aroma wiederzufinden.

Vorbereitungszeit: 20 Minuten.
Kochzeit: 1 Stunde.
1 kg Grünkohl
12 Scheiben Weißbrot
Knoblauch
Olivenöl
Salz.

Brodo

Fleischbrühe

Vorbereitungszeit:
15 Minuten.
Kochzeit:
1 Stunde 30 Minuten.
500 g Rindfleisch
1/2 Suppenhuhn
1 Karotte
1 Stange Sellerie
1 Zwiebel
3 reife Tomaten
Petersilie
Salz.

Das Rindfleisch und das Huhn (ohne Haut) in Stücke schneiden, zusammen mit dem Suppengrün und Salz in 2 l kaltes Wasser geben und 11/2 Stunden auf kleiner Flamme langsam kochen lassen. Dann das Fleisch und das Gemüse entfernen und die Suppe durch ein Sieb gießen. Zum Entfetten vorher erkalten lassen. Fleischbrühe wurde immer für stärkend gehalten. Und obwohl es alles andere als richtig war, verordnete Pellegrino Artusi sie früher sogar Magenkranken, die eigentlich mehr feste Nahrung brauchten. Ich rate Ihnen, diese Suppe an einem kalten Winterabend mit feinen Bandnudeln und mit Petersilie bestreut zu probieren. Bartolomeo Sacchi meint dazu: "Nichts verbietet, einige Gewürze hinzuzufügen, es sei denn, sie ist für Kranke bestimmt. Dies ist eine Brühe, die für Alte und Kränkliche besonders geeignet ist."

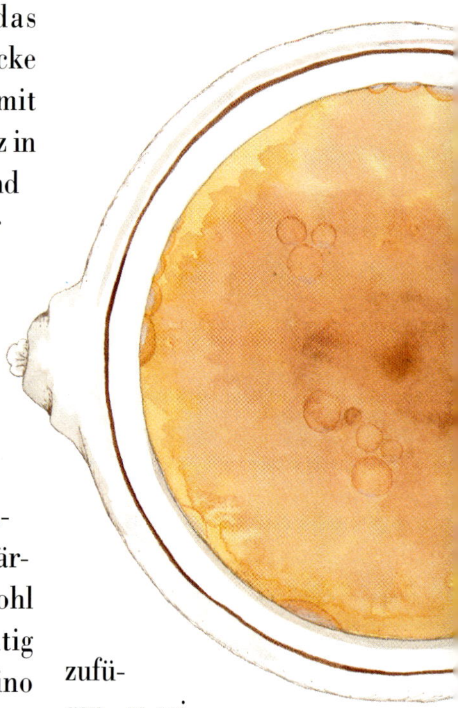

Stracciatella

Eierflockensuppe

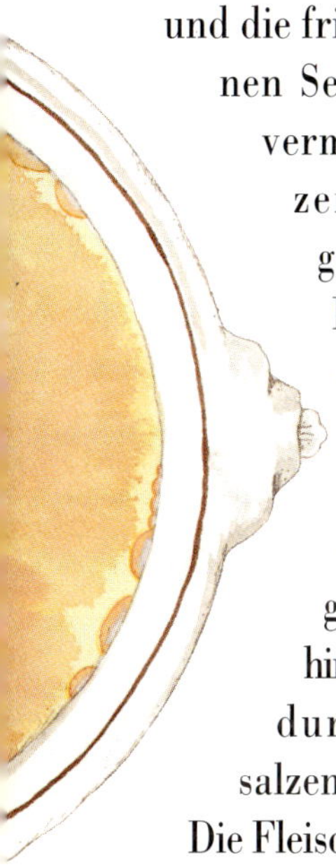

Den geriebenen Parmesan und die frisch geriebenen Semmelbrösel vermischen, die zerstampften geschälten Mandeln und die gründlich mit dem Schneebesen zerschlagenen Eier hinzufügen und durchrühren, salzen.

Die Fleischbrühe zum Kochen bringen, die Eimasse hinzufügen, mit dem Schneebesen gut verrühren und zwei Minuten kochen lassen. Mit feingehackter Petersilie bestreuen und ganz heiß servieren. Bei Bartolomeo Sacchi steht:"Vermische 7 Eier mit 1/2 Pfund geriebenem Käse und Semmelnbröseln" Maestro Martino nennt sie "zanzarelli", Pellegrino "panata" und er rät, Erbsen und Blattgemüse, die extra gekocht werden, hinzuzufügen. In meiner Familie ist es Tradition, diese Suppe am Ostersonntag zu essen.

Vorbereitungszeit:
20 Minuten.
Kochzeit:
15 Minuten.
200 g Parmesan
100 g Brot (Semmelbrösel)
100 g Mandeln
3 Eier
Petersilie
Salz.

Penne strascicate

Nudeln in Fleischsauce

Vorbereitungszeit:
20 Minuten.
Kochzeit:
60 Minuten.
500 g Nudeln
Typ "Penne"
300 g Fleischsauce
Florentiner Art
reines Olivenöl
Parmesan
Salz
schwarzer Pfeffer.

Die Penne in ausreichend Salzwasser bißfest (al dente) kochen. Fleischsauce in eine große Pfanne geben (es ist ratsam, die Sauce hierfür ca. 1 Stunde dick kochen zu lassen), die Nudeln daruntermischen, Olivenöl darüber träufeln und bei starker Hitze ca. 5 Minuten durchkochen. Die Nudeln müssen sich gut mit der Sauce vermischen, ohne daß etwas anhängt. Vom Feuer nehmen, geriebenen Käse darüberstreuen und gut durchmischen. Man kann auch die Sauce des Florentiner Schmorbratens nehmen. Je nach Geschmack mit schwarzem Pfeffer servieren. Denken Sie daran, daß man für je 100 g Nudeln einen Liter Wasser braucht. Das Wasser wird erst gesalzen, wenn es kocht. Am 10. August, dem Fest von San Lorenzo, versammelte sich die Bevölkerung in der gleichnamigen Basilika, um "Lasagne mit Ragout" zu essen. Diesen Brauch gibt es noch heute in Florenz, und außer den Nudeln gibt es noch große Scheiben Wassermelone für alle Teilnehmer.

Penne trippate alla fiorentina

Nudeln mit Kutteln auf Florentiner Art

Die Kutteln nach den Angaben des Rezepts auf Seite 60 vorbereiten. Die Nudeln Typ "Penne" bißfest kochen, abgießen und zu den in kleine Würfel geschnittenen Kutteln geben. Alles zusammen noch kurz in einer Pfanne durchkochen. Vor dem Servieren mit reichlich geriebenem Parmesan bestreuen. Sie können die Nudeln auch kurz im Backofen gratinieren. Kutteln sind eines der typischen Gerichte der Florentiner Küche. In der Altstadt gibt es noch die traditionellen Verkaufsstände (wie zum Beispiel in der Nähe der Piazza della Signoria), die die Luft mit einem für den Fremden ungewöhnlichen Duft erfüllen. Außer einem wohlschmeckenden Brötchen können Sie beim Straßenverkäufer die Kutteln kaufen, um diese schmackhaften Nudeln zubereiten zu können. Diese Stände gibt es in Florenz seit dem 12. Jahrhundert. Die Verkäufer präsentieren die Kutteln auf mit Brühe angefeuchteten Brotscheiben. Diese Gepflogenheit ist geblieben, nur hat man die Brotscheibe durch ein praktischeres Brötchen ersetzt.

Vorbereitungszeit:
30 Minuten.
Kochzeit:
45 Minuten.
500 g Penne
300 g Kutteln
Parmesan
Salz.

Pappardelle sulla lepre

Eierbandnudeln auf Hasenragout

Vorbereitungszeit:
40 Minuten.
Kochzeit:
2 Stunden.
1 Karotte
1 Zwiebel
1 Stengel Sellerie
4 EL reines Olivenöl
1 Sträußchen Petersilie
1 Hase von ca. 2 kg
500 g frische Eiernudeln
1 Glas Rotwein
2 Tomaten
1 Zitrone
Parmesan
Salz.

Karotte, Zwiebel und Sellerie feinhacken und auf mittlerem Feuer dünsten. Den Hasen in große Stücke schneiden und zu dem Gemüse geben, bei stärkerer Hitze bräunen, dann erst den Wein hinzufügen. Wenn der Hase gar ist, aus der Pfanne nehmen, das Fleisch vom Knochen lösen, in Stückchen schneiden, wieder zu dem Gemüse geben, 1 Glas heißes Wasser und die gewürfelten Tomaten hinzufügen und 10 Minuten schmoren lassen. Jetzt können Sie eine Zitronenschale (ungespritzt!) hinzugeben, aber achten Sie darauf, nicht das Weiße zu verwenden, sonst verleiht es der Sauce einen bitteren Geschmack. Die Eierbandnudeln in reichlich kochendem Salzwasser "al dente" kochen, auf ein Sieb schütten und gut abgetropft auf die Sauce geben, noch einmal gut erhitzen, mit frisch geriebenem Parmesan bestreuen und servieren. Domenico Romoli schreibt dazu: "Hasenragout mit Bandnudeln ... nur zarte feine Nudeln verwenden und das Fleisch gut pfeffern." Pellegrino Artusi rät, mit etwas Muskat zu würzen und sagt: "Meiner Meinung nach paßt es gut dazu, aber wenn es euch nicht schmeckt, dann wißt ihr, was

ihr zu tun habt."Bei den Florentinern heißt dieses Gericht "Eiernudeln auf Hasenragout" und nicht wie anderorts "mit Hasenragout". Das rührt sicher daher, daß man die Nudeln im wahrsten Sinn des Wortes "auf" die Sauce legt und nicht umgekehrt, wie man es immer wieder sieht, und was sicher nicht zur vollen Entfaltung des Geschmacks beiträgt.

Panzanella

Gemischter Brotsalat

Einweichzeit des Brotes: 30 Minuten.
Vorbereitungszeit: 20 Minuten.
12 Scheiben dunkles Bauernbrot
100 g grüner Radicchio
50 g Rucola
1 Zwiebel
Basilikum
reines Olivenöl
Salz.

Hier handelt es sich um ein äußerst einfaches Rezept, damit es aber gelingt, müssen Sie dunkles altbackenes Bauernbrot benutzen. Auch alle weiteren Zutaten sollten nur ganz frisch und von bester Qualität sein. Das Brot in Scheiben schneiden und eine halbe Stunde in kaltem Wasser einweichen. Die verschiedenen Salate sorgfältig waschen, in feine

Streifen schneiden, in eine Salatschüssel geben und die frischen Basilikumblätter dazugeben. Das Brot gut ausdrücken, zerpflücken und mit dem Gemüse vermischen. Dann mit Öl, Salz und Essig anmachen. Manche geben noch viele andere Zutaten zu diesem frischen Sommergericht, die ihm jedoch seinen speziellen Charakter nehmen. Wenn Sie wollen, können Sie Tomaten und Gurken dazugeben und mit Pfeffer würzen. Achten Sie auf den richtigen Wein. Ich rate zu einem jungen leichten Rotwein.

Fleischstücke

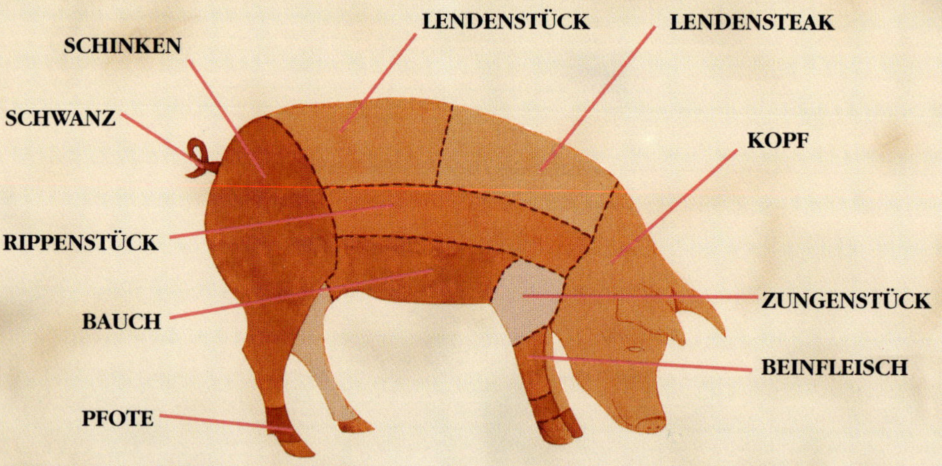

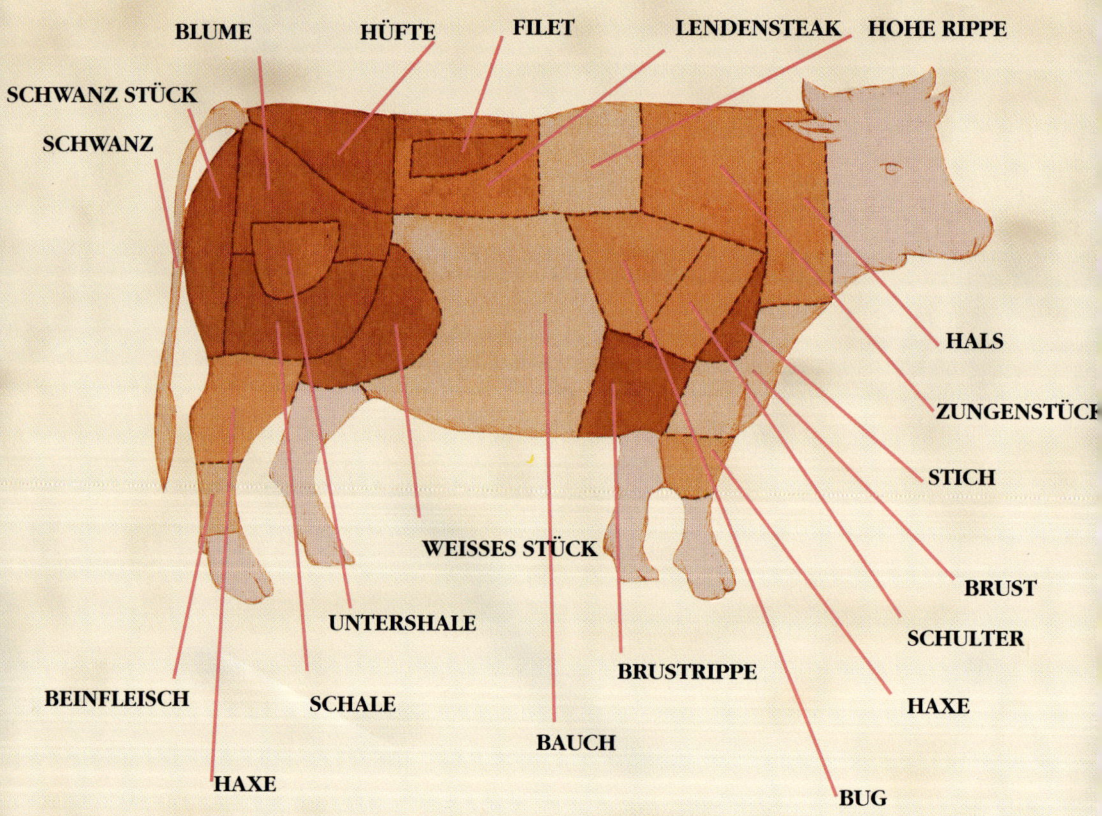

Piatti di mezzo

Hauptgerichte

Valigette

Rindfleischrouladen

Auf jede Fleischscheibe einen Streifen Schinken und ein Stück Käse, eine Scheibe Artischocke, etwas Petersilie und Salz geben. Das Fleisch aufrollen und mit einem Zahnstocher zustecken (auch weißer Bindfaden kann benutzt werden). Die Karotten und die restlichen Artischokken würfeln, dann in Öl anschmoren, die Rouladen dazugeben und von allen Seiten anbraten. Den Wein, dem eine Prise Salz beigegeben wird, über das Fleisch gießen und einkochen lassen, dann zugedeckt auf kleiner Flamme 40 Minuten schmoren lassen. Sollte die Sauce zu sehr eingekocht sein, dann das Fleisch herausnehmen, noch etwas Weißwein und einige Tropfen Öl hinzufügen.
Die Zahnstocher entfernen und auf einer Platte anrichten. Als Beilage empfehle ich Pommes frites, Bratkartoffeln oder Kartoffelpuree.
Domenico Romoli nennt diese Rouladen "coppiette rivolte stufate" (geschmorte Fleischröllchen), aber in seinen Rezepten benutzt er andere Zutaten. Pellegrino Artusi dagegen nennt sie "braciolíne ripiene con carciofi" (Artischockenröllchen).

Vorbereitungszeit:
20 Minuten.
Kochzeit:
45 Minuten.
900 g Rinderrouladen
150 g gekochter Schinken
150 g in dünne Scheiben geschnittener Fontinakäse
Petersilie
3 Karotten
5 Artischocken
4 EL reines Olivenöl
1 Glas Weißwein
Salz.

Trippa alla fiorentina

Kutteln nach Florentiner Art

Vorbereitungszeit: 30 Minuten.
Kochzeit: 40 Minuten.
1,5 kg schon vorgekochte Kutteln
1 Zwiebel
1 Karotte
1 Stange Sellerie
30 g Butter
2 EL reines Olivenöl
500 g Tomaten
Parmesan
Salz.

Die Kutteln in Streifen schneiden, die Zwiebel, die Karotte und den Sellerie kleinhacken. In der Butter andünsten, dann das Öl dazugeben und die Kutteln. Gut durchschmoren und die kleingewürfelten Tomaten hinzufügen. Salzen und auf kleiner Flamme in 30 Minuten einkochen lassen, dabei öfter umrühren, damit nichts anhängt. Man kann die Kutteln mit oder ohne geriebenen Parmesan servieren. Wenn man Käse zugibt, empfiehlt es sich, die Kutteln im Backofen 5 Minuten zu gratinieren. Als Beilage eignen sich besonders Pellkartoffeln oder Kartoffelpuree. Auch mit Öl angemachte weiße Bohnen sind geeignet. Bartolomeo Sacchi, der ein Rezept von Maestro Martino übernimmt, spricht von "einem Gericht, über das man zum Schluß verschiedene Gewürze oder auch geriebenen Käse gibt."

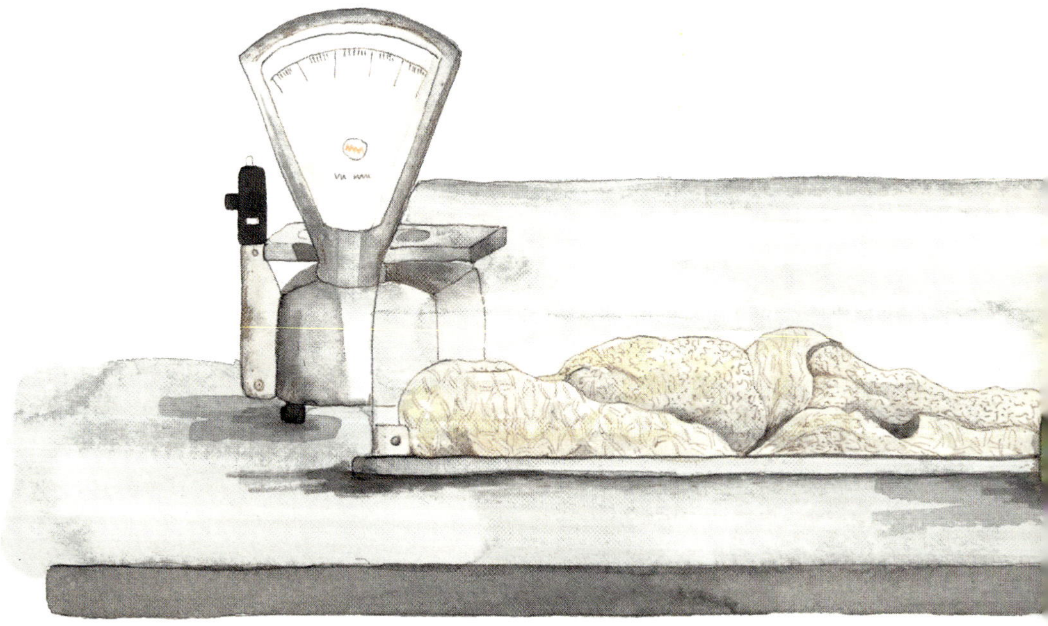

Trippa a insalata

Kuttelsalat

Wie für das andere Rezept schon vorgekochte Kutteln kaufen, waschen und in reichlich Salzwasser eine halbe Stunde kochen lassen. Die Kutteln gut abtropfen lassen, abkühlen und in rechteckige Streifen schneiden (1 cm x 4 cm). In eine Salatschüssel geben, mit Öl, Salz, Pfeffer, etwas Essig, dem kleingehackten Gemüse und der Petersilie anmachen. Im Kühlschrank ca.1 Stunde ruhen lassen, damit der Salat gut durchziehen kann. Man kann dieses Gericht auch als Vorspeise reichen (dann reicht 1/2 kg Kutteln), oder als schnelles Mittag oder Abendessen. Dieses Kuttelrezept eignet sich besonders für die heiße Jahreszeit, während die warme Version besser für kühlere Tage geeignet ist.

Vorbereitungszeit:
20 Minuten.
Kochzeit:
30 Minuten.
Ruhezeit im Kühlschrank:
1 Stunde
1 kg Kutteln
1 Stange Sellerie
1 Karotte
Salattomaten
Salz
schwarzer Pfeffer
reines Olivenöl
Essig.

Uova frittellate o affrittellate

Spiegeleier

Vorbereitungszeit:
5 Minuten.
12 frische Eier
5 EL reines Olivenöl
Weißbrot
Salz
schwarzer Pfeffer.

In einer Pfanne das Öl erhitzen, die Eier hineinschlagen, ohne den Eidotter aufzureißen. Auf ganz kleiner Flamme braten, dabei die Pfanne so bewegen, daß das heiße Öl über die Eidotter fließt. Wenn das Eiweiß die gewünschte Festigkeit hat, vom Feuer nehmen, salzen und pfeffern. Man kann die Eier auch mit Bauchspeck zubereiten. Er wird in feine Scheiben geschnitten, in dem heißen Öl knusprig gebraten und darauf werden dann die Spiegeleier gesetzt. Das Brot, das dazu gereicht wird, muß ganz frisch und knusprig sein. Auch bei Maestro Martino findet man dieses Rezept und bei Bartolomeo Sacchi: "Eier nach Florentiner Art". Pellegrino Artusi rät: "Man kann die Eier auch mit Tomatensauce, auf Kartoffelpuree oder in Butter gedünstetem Spinat servieren."

Frittata di carciofi (tortino)

Artischockenomelette

Von den Artischocken die trockenen harten Blätter und die Spitzen abschneiden und dann in Scheiben schneiden. Öl erhitzen, die Artischocken hineingeben und bei schwacher Hitze gar schmoren. Die Eier mit etwas Salz schaumig schlagen und über die Artischocken geben. Unter Schütteln der Pfanne die Unterseite goldbraun backen, auf einen Teller gleiten lassen und wenden. Die zweite Seite bei leichter Hitze goldgelb backen. Auf einer Platte mit Zitronenviertelchen anrichten und servieren. Man kann dieses Omelett auch im Ofen backen. Statt Artischocken können Sie auch Zucchini, Zwiebeln oder Kartoffeln verwenden, dann aller dings ohne Zitrone servieren. Pellegrino Artusi schreibt über dieses Rezept: “Auch dies ein typisch toskanisches Gericht, preiswert und gut.”

Vorbereitungszeit:
15 Minuten.
Kochzeit:
15 Minuten.
9 kleine junge Artischocken
6 Eier
reines Olivenöl
Salz
Petersilie
Zum Garnieren:
1 Zitrone.

Stracotto

Schmorbraten Florentiner Art

Vorbereitungszeit:
20 Minuten.
Kochzeit:
2 1/2 Stunden.
1,5 kg Rinderschmorbraten
5 EL reines Olivenöl
1 Zwiebel
2 Karotten
2 Stangen Sellerie
1 Knoblauchzehe
1 Glas Rotwein
500 g Tomaten
Petersilie
Salz.

Das Fleisch in einem hohen Topf in Öl anbraten, Zwiebel, Karotten, Sellerie feinhacken, zu dem Fleisch geben, die Knoblauchzehe hinzufügen und 10 Minuten bräunen.

Bei stärkerer Hitze den Wein zugießen, einkochen lassen, die gehäuteten Tomaten hinzugeben und alles 2 Stunden im geschlossenen Topf langsam schmoren lassen.

Zum Schluß die gehackte Petersilie zugeben. Wenn die Sauce nicht dick genug ist, noch einige Minuten einkochen lassen.

Den Braten in Scheiben schneiden und mit einem Teil der durchpassierten Sauce begießen. Sofort auftragen. Vor der Entdeckung Amerikas wurde der Schmorbraten nicht mit Tomaten, sondern mit einer Sauce aus Weintrauben zubereitet, die gekocht und mit Nelken, Zimt und Zwiebelsaft gewürzt wurden.

Roventini

Heiße Schweineblutküchlein

Das Blut (mit einem Liter macht man ca. 30 Küchlein) salzen, Mehl darin auflösen, Eigelb hinzufügen und kräftig durchschlagen, damit sich keine Klümpchen bilden. Eine kleine Pfanne gut einölen, erhitzen, etwas Blutmasse hineingeben und wie ein Omelette auf beiden Seiten backen. Mit Parmesan bestreuen und ganz heiß servieren. Dunkles Bauernbrot dazu reichen. In den Rezepten des Romoli liest man: "... man nehme einen flachen Teller, gebe einige Lorbeerblätter darauf und dann das gebackene Schweineblut, pfeffern und salzen und vor allem heiß essen."

Vorbereitungszeit:
10 Minuten.
Kochzeit:
15 Minuten.
1 l ganz frisches Schweineblut
2 EL Weizenmehl
2 Eigelb
2 Parmesan
Olivenöl.

Lesso

Kochfleisch

Vorbereitungszeit:
15 Minuten.
Kochzeit:
1 1/2 Stunden.
1,5 kg verschiedenes Rindfleisch
2 l Wasser
1 Zwiebel
1 Stange Sellerie
1 Karotte
Salz
Nach Belieben:
1/2 Kalbszunge, frisch oder gepökelt.

Das Wasser zum Kochen bringen, salzen, das Suppengemüse und das Fleisch hineingeben 1 1/2 Stunden leise kochen lassen. Das heiße Kochfleisch mit eingelegten Gemüsen und grüner Sauce servieren. Man kann auch noch eine halbe Kalbszunge, frisch oder gepökelt mitkochen. Diese ist auch kalt sehr gut, ebenfalls mit grüner Sauce. Achtung: die gekochte Zunge häuten. Sollte etwas Fleisch übrig bleiben, kann man ausgezeichnete Frikadellen daraus machen (s. "Hackbraten und Frikadellen"), aber wenn Sie Zwiebeln mögen, rate ich zu folgendem Gericht: Man braucht ca.1/2 kg Kochfleisch, 3 oder 4 rote mittelgroße Zwiebeln in Ringe schneiden und zusammen mit einer Knoblauchzehe in 4 EL Olivenöl langsam schmoren lassen, hin und wieder umrühren. Das Fleisch in nicht zu dünne Scheiben schneiden und zu den Zwiebeln geben und umrühren. Nach wenigen Minuten 1 Glas heißes Wasser zugießen, in dem man vorher ein bißchen Tomatenmark aufgelöst hat, salzen und pfeffern. Die Sauce einkochen lassen und heiß servieren. Apicius liefert ein Rezept für eine Sauce, die zum Kochfleisch gereicht wurde: "Weisse Sauce. Pfeffer, Garum, Wein, Raute, Zwiebel, Pinienkerne, Gewürzwein, etwas eingeweichtes Brot, Öl. Auf das gekochte Fleisch geben." Garum, auf Fischbasis, war eine häufig verwendete Sauce in der römischen Küche. Wahrscheinlich wurde sie nur tropfenweise verbraucht und ersetzte damit das Salz.

Fegato alla salvia

Kalbsleber mit Salbei

Vorbereitungszeit:
10 Minuten.
Kochzeit:
5 Minuten.
12 Scheiben Kalbsleber
ca. 1/2 cm dick
(ca. 900 g)
5 Knoblauchzehen
5 EL reines Olivenöl
Mehl
frischer Salbei
Salz.

Von den Leberscheibchen die äußeren Häutchen entfernen, weil sie sich sonst aufrollen.

In Mehl wenden. Das Öl erhitzen, die Knoblauchzehen und die Salbeiblätter hineingeben, andünsten und dann die Leber auf beiden Seiten hellbraun braten, erst danach salzen.

Auf Küchenpapier abtrocknen. Dann auf einer Platte anrichten.

Wenn Sie etwas Sauce wollen, fügen Sie zum Bratensatz etwas Weißwein hinzu. Noch einmal kurz aufkochen lassen, dann mit der Leber servieren.

Erst bei Tisch pfeffern. Als Beilage empfehlen sich Pommes frites, Bratkartoffeln oder ein frischer Salat.

Fegatelli

Schweineleber am Spieß

Die Leber in große Würfel schneiden, jeden Würfel in Schweinenetz hüllen. Das Netz vorher einweichen und in 10 cm lange Quadrate schneiden. Auf einen Stahlspieß abwechselnd 1 Stück Leber, 1 Lorbeerblatt und einen Brotwürfel stecken. Auf Holzkohle oder im Backofen grillen. Sonst die Zutaten auf mehrere Spießchen stecken, in eine feuerfeste Form geben und im Backofen bräunen. Man kann die Leberstücke auch mit Würfeln von Hühner und Putenbrust, Bratwurst abwechseln. Hinweise auf dieses Gericht finden wir bei Apicius, Anonimo Toscano und Bartolomeo Sacchi: "Schweineleber ... salzen, mit Kümmel und anderen zarten Gewürzen bestreuen."

Vorbereitungszeit:
30 Minuten.
Kochzeit:
1/2 Stunde.
900 g Schweineleber
Schweinenetz
reines Olivenöl
Lorbeerblätter
Brot
Salz.

Polpettone e polpette

Hackbraten und Frikadellen

Vorbereitungszeit:
30 Minuten.
Kochzeit:
40 Minuten.
400 g Rinderhackfleisch
100 g roher Schinken
1 Ei
Salz
Petersilie
1 Scheibe Brot
Milch

Das Hackfleisch mit dem feingewiegten Schinken, der gehackten Petersilie, dem Ei, Salz und dem in Milch geweichten und gut ausgedrückten Brot vermischen. Geriebenen Parmesan dazugeben und zu einem glatten ovalen Fleischteig formen. In einem Schmortopf das Öl erhitzen, den Hackbraten in Mehl wenden und in dem heißen Öl von beiden Seiten anbraten.

Zwiebel, Karotte, und Sellerie hacken, zu dem Fleisch geben und ein halbes Glas Weißwein zugießen, einkochen lassen und nun ein halbes Glas Wasser dazufügen.

Den Hackbraten 30 Min. schmoren lassen und dar-

auf achten, daß er nicht anhängt. Danach einige Minuten ruhen lassen, in fingerdicke Scheiben schneiden, mit der Sauce begießen und Kartoffelpuree als Beilage reichen.
Man kann die Sauce auch mit Pilzen anreichern. Für Frikadellen aus dem Fleischteig kleine Laibchen formen und in heißem Olivenöl von beiden Seiten goldbraun braten.
Wenn Sie wollen, können Sie noch ein Glas Weißwein zugießen, einkochen lassen und mit gehackter Petersilie bestreuen. Vorgänger dieses Rezepts findet man bei Apicius, Maestro Martino und Bartolomeo Sacchi: "... dieses Gericht tut dem Herzen und der Leber gut." Bei Domenico Romoli findet man es unter dem Namen "tomaselle". Bei der Taufe Cosimos I. wurde beim Festessen ein ähnliches Gericht serviert, das allerdings den pompösen Namen "Kalbfleischpastete" trug. Sie können für dieses Rezept auch fein gehacktes Kochfleisch verwenden.

100 g Parmesan
Weizenmehl
3 EL Öl
1 Karotte
1 Stange Sellerie
1 Zwiebel
1 Glas Weißwein.

Stufato

Rindfleischragout

Vorbereitungszeit:
15 Minuten.
Kochzeit:
2 Stunden.
1 kg Rindfleisch
4 EL reines Olivenöl
4 Knoblauchzehen
1 Glas Weißwein
Petersilie
Salz.

Das Rindfleisch in Würfel schneiden. Öl erhitzen, das Fleisch hineinlegen und unter Rühren auf allen Seiten anbräunen.
Dann die Knoblauchzehen zugeben, anrösten, den Wein zugießen und einkochen lassen. Danach salzen und auf kleiner Flamme 2 Stunden schmoren lassen.
Dabei bildet sich eine cremige Sauce und das Fleisch wird ganz zart. Wenn die Sauce zu sehr einkocht, 1/2 Glas Wasser oder Wein mit Wasser zugießen. Heiß, mit Petersilie bestreut servieren. In der Steinpilzzeit kann man frische Steinpilze zur Sauce geben. Unter das Ragout kann man auch Erbsen oder gewürfelte Kartoffeln mischen.

Peposo

Gepfeffertes Rindfleischragout

In einen großen, wenn möglich irdenen, Topf den Knoblauch, Öl, das in Würfel geschnittene Fleisch, den Wein, Salz und frisch gemahlenen Pfeffer (mindestens einen Eßlöffel) geben, mit kaltem Wasser bedecken und in den auf 180° vorgeheizten Backofen stellen. 2 Stunden kochen lassen, eventuell etwas heißes Wasser nachgießen. Das Fleisch muß ganz zart und die Sauce eingedickt sein. Man kann der Sauce auch gewürfelte Tomaten beigeben. Nach mündlicher Überlieferung hat Filippo Brunelleschi dieses Gericht während des Kuppelbaus im Florentiner Dom oft und gern gegessen. Es heißt auch "peposo alla fornacina" (Ziegelofen), weil das Fleisch zusammen mit den Ziegeln gekocht wurde. Brunelleschi hatte an der Baustelle einen eigenen Ziegelbackofen, in dem dieses Ragout zusammen mit den Ziegeln gekocht wurde, die eines der außerordentlichsten Bauwerke der Welt entstehen lassen sollten.

Vorbereitungszeit:
20 Minuten.
Kochzeit:
2 Stunden.
1 kg Muskelfleisch vom Rind
6 Knoblauchzehen
3 EL reines Olivenöl
1 Glas Rotwein
Salz
schwarzer Pfeffer.

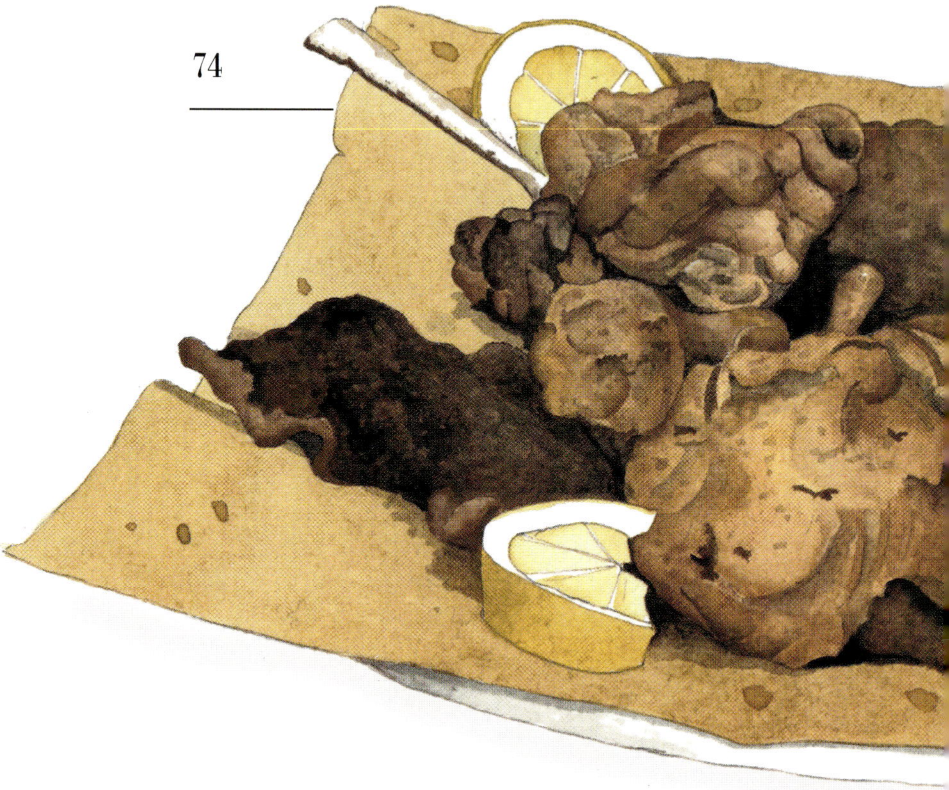

Fritto

Gemischtes ausgebackenes Fleisch

Vorbereitungszeit:
30 Minuten.
Kochzeit:
20 Minuten.
800 g Fleisch
Weizenmehl
2 Eier
Semmelbrösel
reines Olivenöl
Salz.

Für dieses Gericht benötigt man möglichst viele Fleischsorten: Huhn, Kaninchen, Truthahn, Lamm, Kalbshirn. Das in kleine Würfel geschnittene Fleisch wird zunächst in Mehl gewendet (das Hühnerfleisch ohne Haut und das Kalbshirn gebrüht und dann vorsichtig gehäutet), in die gesalzenen geschlagenen Eier tauchen. Lammkoteletts und Truthahnbrust werden dagegen zuerst in Ei getaucht und dann in Semmelbröseln gewendet. Die Fleischstücke in reichlich heißes Öl geben, zunächst 10 Minuten leise frittieren, auf allen Seiten goldgelb backen. Auf Küchenpapier abtropfen lassen. Erst vor dem Auftragen

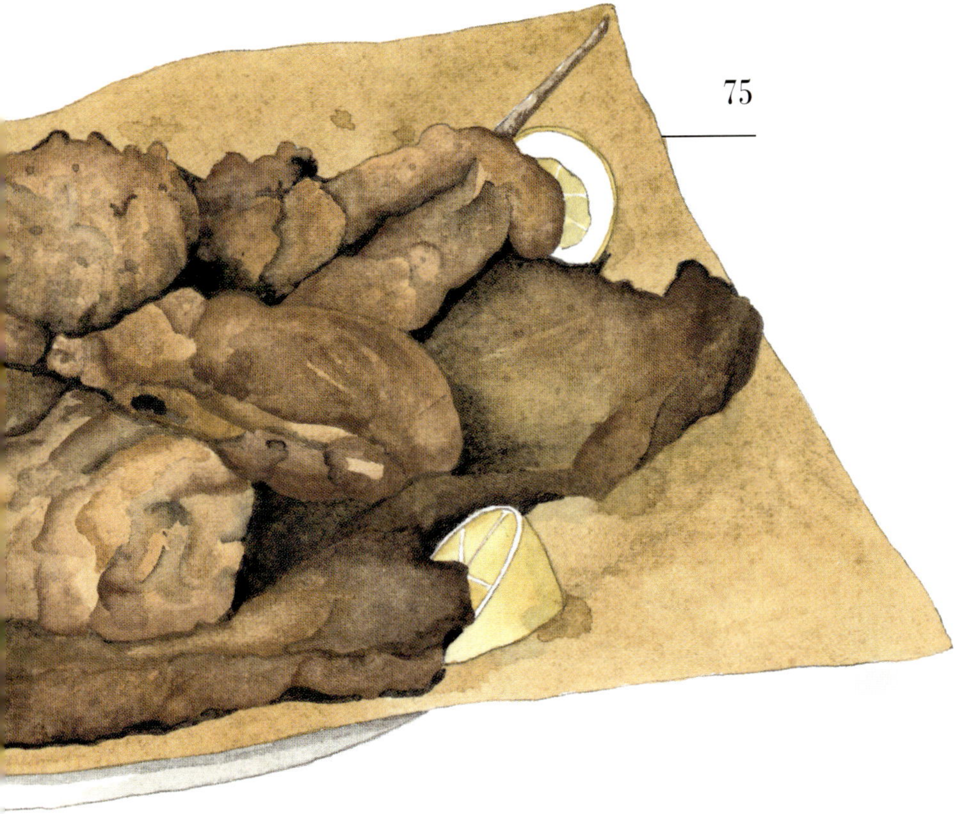

salzen und mit Zitronenvierteln garnieren. Zum Ausgebackenen paßt gut ein gemischter Salat. Frühe rbenutzte man zum Ausbacken Schmalz, das sehr viel schwerer verdaulich ist als Olivenöl. Unsere Vorfahren waren offensichtlich nicht so empfindlich wie wir. Bartolomeo Sacchi z. B. nennt ausgebackenes Fleisch "ein zwar etwas schweres Gericht, das aber die Galle zurückdrängt und gut ist für Herz, Leber und Nieren."

Bistecca

T-Steak Florentiner Art

Vorbereitungszeit: 15 Minuten.
Kochzeit: 10 Minuten.
2 dicke Steaks mit dem Knochen in der Mitte und dem Filet je 800 g
reines Olivenöl
Salz
Pfeffer.

Schicksal der Wörter: in England ist Beef-Steak eine Scheibe Fleisch ohne Knochen, und so wird das Wort auch in vielen Regionen Italiens verstanden. In Florenz sagt man dazu "braciola", was soviel wie "Schnitzel" bedeutet, während die "bistecca" ein dickes Steak mit dem Knochen in der Mitte und dem Filet ist. Dieses Gericht ist nur etwas für Liebhaber von blutig gebratenem Fleisch. Ein gar gebratenes Florentiner Steak ist nicht nur eine Sünde, es ist eine Ketzerei. Das heißt, das Fleisch muß außen knusprig braun gebraten und innen noch rot sein. Am besten gerät es auf dem Holzkohlengrill. Sie können auch eine Eisenpfanne benutzen. Die Pfanne sehr heiß werden lassen, das Fleisch hineingeben und auf jeder Seite fünf Minuten braten (das Fleisch nicht mit einer Gabel anstechen). Inzwischen die Teller vorwärmen, damit das Fleisch nicht gleich erkaltet. Servieren und erst dann mit Salz, Pfeffer und etwas

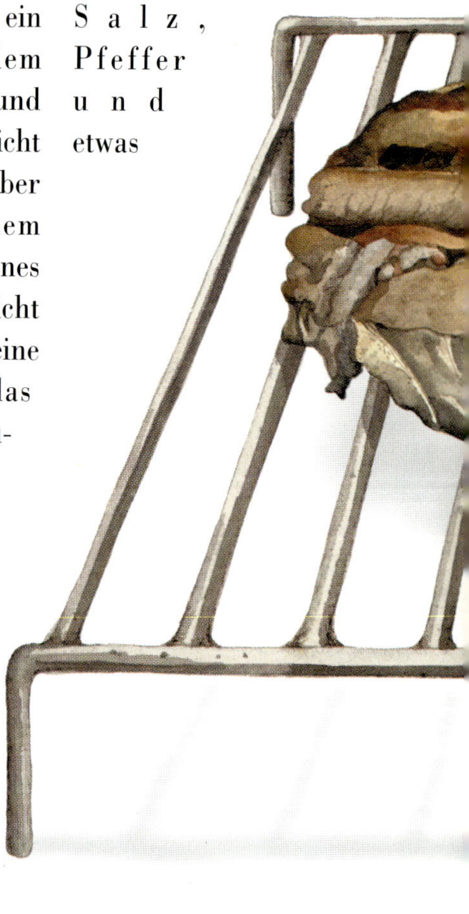

Olivenöl würzen. Ein Rat, nein, ein Befehl: salzen Sie nie während des Bratens. Das Fleisch würde Saft verlieren und die Krustenbildung verhindern. Die idealen Beilagen sind Pommes frites, Bratkartoffeln und Salat. Sie können aber auch weiße Bohnen mit Olivenöl probieren. Sollten Sie bedauerlicherweise keinen Alkohol trinken, dann nehmen Sie kohlensäurefreies Mineralwasser. Doch wenn Sie ein Freund guter Weine sind, ist ein Chianti classico der Florentiner oder Seneser Hügel genau das richtige.

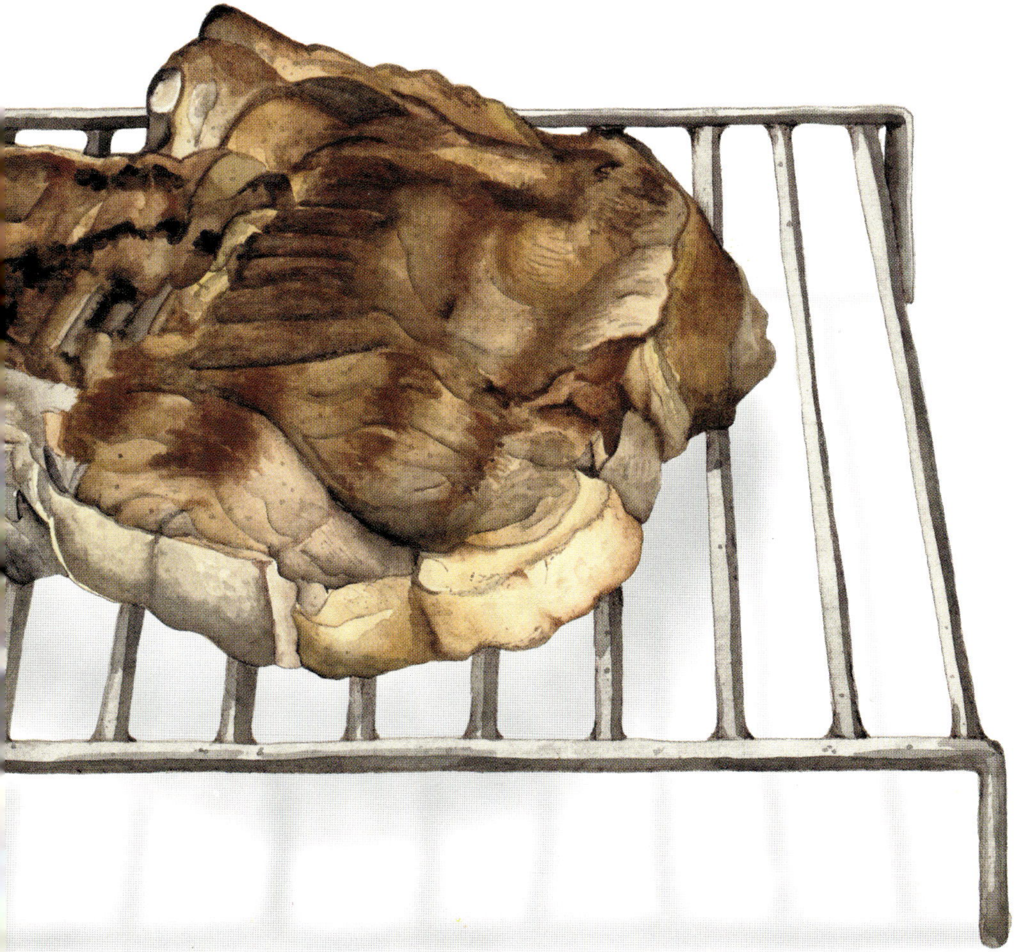

Arista

Schweinebraten Florentiner Art

Vorbereitungszeit: 10 Minuten.
Kochzeit: 2 Stunden .

2 kg vom Knochen gelöstes Kotelettstück
Salbei
Rosmarin
Knoblauch
Salz
reines Olivenöl
Weißwein.

Beim Metzger die Knochen vom Fleisch lösen lassen, dann mit dem Fleisch zusammenbinden. Salzen, pfeffern und mit Öl beträufeln. In den auf 180° vorgeheizten Backofen geben und in 2 Stunden gar braten.
Während der Bratzeit immer wieder mit Bratfett begießen und wenden, bis er goldbraun gebraten ist. Dann die Knochen entfernen, in Scheiben schneiden und mit folgender Sauce servieren: Salbei, Rosmarin und Knoblauch in Olivenöl leicht andünsten, Weißwein zugießen und einkochen lassen. Im Sommer wird der Braten kalt serviert: in ganz feine Scheiben schneiden und die Sauce erst kurz vor dem Auftragen erhitzen, kann aber auch ohne Sauce serviert werden. Für den warmen Braten eignen sich als Beilagen Bratkartoffeln oder Kartoffelpuree, weiße Bohnen oder gedünstetes Blattgemüse. Für den kalten Braten Salat, weiße Bohnen mit Olivenöl oder frisches rohes Gemüse in Ölsauce. (s. “Pinzimonio”).
Artusi und andere führen den Namen “Arista” auf den griechischen Ausruf “ariste” (gut) zurück. Ein orthodoxer Bischof soll das ausgerufen haben, als er den Braten während des Konzils von Florenz (1430) probierte. Der Name ist dagegen vom lateinischen Wort arista abzuleiten, was übersetzt auf die für das Kotelettstück charakteristischen Knochen hinweist.

Bistecchine di maiale

Schweinekotelett

Die Koteletts zusammen mit den gehackten Kräutern und etwas Öl und Wasser in eine feuerfeste Form geben. Bei 180° im vorgeheizten Backofen garen, bis das Wasser absorbiert ist, dann den Grill einschalten und so lange grillen, bis die Koteletts auf beiden Seiten goldbraun sind. Erst vor dem Servieren salzen und weiße Bohnen mit Olivenöl oder Salat dazu reichen. Schweinefleisch hat einen besonderen Platz in der Florentiner Küche. Es gibt viele Rezepte sowohl für frisches Fleisch als auch für Würste. Die Schweineschlachtung, die im Spätherbst zwischen November und Dezember stattfindet, hatte im bäuerlichen Leben immer eine besondere Bedeutung. Nach der Schlachtung war ein großes Essen üblich, an dem auch die Nachbarfamilien teilnahmen und bei dem vor allem Schweineblutküchlein (siehe Rezept) und Schweinerippchen gegessen wurden.

Vorbereitungszeit:
10 Minuten.
Kochzeit:
40 Minuten.
2 kg Schweinekoteletts
Thymian
Majoran
Salbei
Rosmarin
Fenchelsamen
2 EL Olivenöl
Salz.

Rosticciana

Schweinerippchen

Vorbereitungszeit:
10 Minuten.
Kochzeit:
1 Stunde.
2 kg Schweinerippchen
Rosmarin
Knoblauch
1 Glas Weißwein
Salz.

Die Rippchen in 3 cm dicke Stücke schneiden. In eine Pfanne geben, Rosmarin, Knoblauch und ein Glas Wasser hinzufügen.
Zudecken, und auf kleiner Flamme ca. 1 Stunde kochen, dabei das Fleisch stets wenden. Wenn das Wasser eingekocht ist, den Wein und Salz hinzugeben und das Fleisch goldbraun braten.
Die Schweinerippen können auch im Backofen gebraten werden. Alle Zutaten in einen Bräter geben und 40 Minuten bei 180° braten. Auf dem Holzkohlengrill dauert die Kochzeit eine Stunde. Erst vor dem Auftragen salzen. Als Beilage weiße Bohnen mit Ölivenöl oder gedünstetes Blattgemüse.

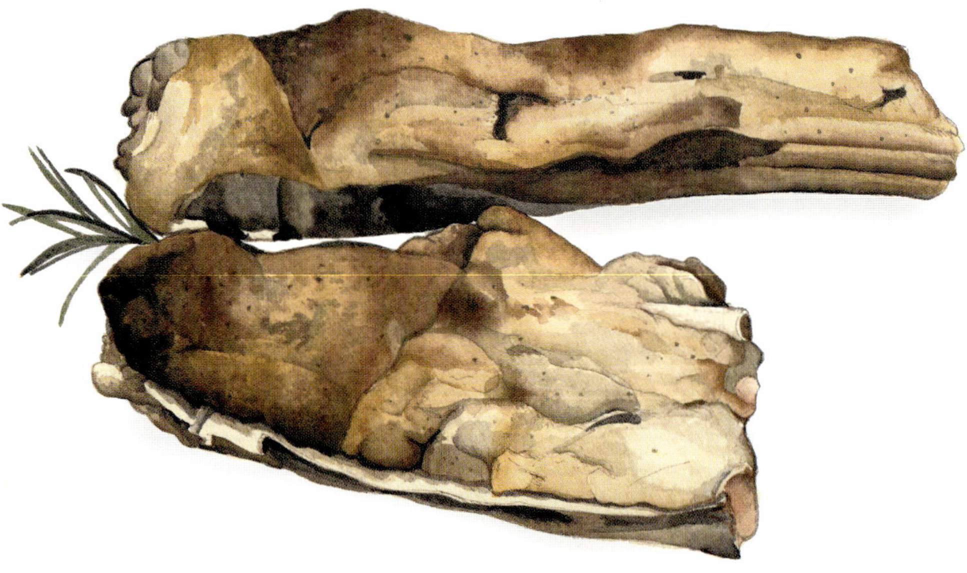

Salsicce

Grobe Bratwürste

Die Bratwürste mit einer Gabel mehrfach anstechen, dann fünf Minuten in kochendem Wasser brühen, um überflüssiges Fett austreten zu lassen. Gut abtropfen lassen, in eine heiße Pfanne geben und im eigenen Fett bei starker Hitze von allen Seiten braun braten. Mit Salz abschmecken. Als Beilage eignen sich besonders weiße Bohnen mit Salbei ("all' uccelletto") oder gedünstetes Blattgemüse. In Florenz heißen die Geschäfte, in denen Wurst, auch diese Bratwürste, Fischkonserven und Käse verkauft werden, "pizzicagnoli".
Ihre Schaufenster werden Ihnen viele Gaumensünden zu bieten haben.

Vorbereitungszeit:
10 Minuten.
Kochzeit:
15 Minuten.
10 frische grobe Schweinebratwürste
Salz.

Coniglio ripieno

Gefülltes Kaninchen

Vorbereitungszeit:
20 Minuten.
Kochzeit:
45 Minuten.
1 Kaninchen (ca. 2 kg)
2 Scheiben gekochter Schinken
oder Dörrfleisch
Petersilie
150 g Fontina Valdostana
4 Artischocken
1 Karrotte
1 Schalotte
1 Stange Sellerie
4 EL reines Olivenöl
2 Glas Weißwein
Salz.

Das Kaninchen entbeinen lassen, aufklappen und darauf den Schinken oder das Dörrfleisch, den Käse und drei Artischocken (alles fein geschnitten) verteilen. Das Kaninchen von der Breitseite her aufrollen, mit einem Baumwollfaden (Küchenschnur) zubinden. In einen Bräter Öl geben und das Kaninchen bei mittlerer Hitze bräunen. Karotte, Sellerie, Schalotte und Artischocke grob hacken, zu dem Kaninchen geben und einige Minuten dünsten lassen. Danach den Weißwein zugießen, Bräter schließen und 30 Minuten schmoren lassen. Wenn der Wein nicht ausreicht, etwas heißes Wasser nachgießen.Den Grill im Backofen anstellen das Kaninchen hineinstellen und unter Wenden fertig braten. Danach das Fleisch herausnehmen, abkühlen lassen und dann in nicht zu dicke Scheiben schneiden. Die Sauce passieren und über das auf einer vorgewärmten Platte angeordnete Fleisch geben.

Die Kunst des Kochens

Pesci

Fischgerichte

Baccalà

Stockfisch

Den Lauch säubern, in Ringe schneiden und in Öl andünsten. Den Stockfisch waschen, in Stücke schneiden, in Mehl wenden, zu dem Lauch geben und auf beiden Seiten leicht bräunen. Die Tomaten brühen, abziehen, in Würfel schneiden und zum Stockfisch geben.

Bei leichter Hitze in 20 Minuten weich dünsten. Dann gehackte Petersilie darüberstreuen. Im allgemeinen wird Stockfisch nicht gesalzen, doch probieren Sie am Ende der Kochzeit, ob eventuell noch etwas Salz fehlt. Es gibt zwei Sorten von Stockfisch: eine wird gesalzen, die andere in Sonne und Wind getrocknet. Daher muß die erste Sorte vier Tage gewässert werden, um überschüssiges Salz zu entfernen. Die zweite dagegen fünfzehn Tage lang, dann klopfen und enthäuten.

Vorbereitungszeit:
15 Minuten.
Kochzeit:
25 Minuten.
1,2 kg schon gewässerter Stockfisch 3 Stangen Lauch
5 EL reines Olivenöl
Weizenmehl
500 g reife Tomaten
Petersilie und frisch gemahlenen Pfeffer.

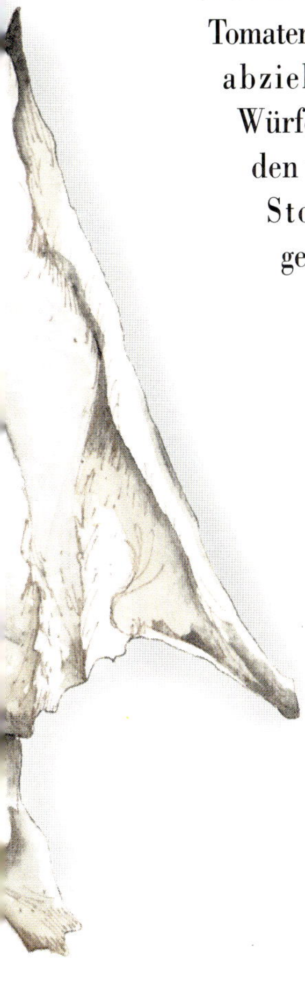

Calamari in zimino

Tintenfische mit Mangold

Vorbereitungszeit:
30 Minuten.
Kochzeit:
30 Minuten.
1,2 kg nicht zu große Tintenfische
1,5 kg Mangold
5 EL reines Olivenöl
3 Knoblauchzehen
500 g Tomaten
Salz.

Den Mangold putzen, sorgfältig waschen und im heißen Wasser weich kochen. Die Tintenfische gründlich waschen, das Innere entfernen, in 1 cm breite Ringe schneiden und in Öl zusammen mit dem Knoblauch hellgelb werden lassen. Dann den gut ausgedrückten Mangold hinzufügen, etwas dünsten und dann die abgezogenen und in Würfel geschnittenen Tomaten beigeben, salzen und bei mittlerer Hitze 20 Minuten gar dünsten. Danach den Knoblauch entfernen und den Fisch auf einer vorgewärmten Platte anrichten. Der Fisch kann auch in einem feuerfesten Steinguttopf zubereitet und gleich darin serviert werden. Obwohl dieses Gericht typisch für die Florentiner Küche ist, gefiel es dem aus der Romagna stammenden Artusi nicht, und er äußerte sich dazu wie folgt:"Die Florentiner sind so begierig auf Gemüse, daß sie es überall hineintun. So auch in dieses Gericht, wo der Mangold nun gar nicht dazupaßt."

Sogliola alla fiorentina

Seezunge Florentiner Art

Die Seezungenfilets in Mehl wenden, die Hälfte der Butter in einer großen Pfanne zerlassen, die Filets hinzufügen, von beiden Seiten goldbraun braten, den Wein zugießen, verdampfen lassen, den in Butter geschwenkten Spinat hinzufügen. Kurz dünsten, salzen und auf einer vorgewärmten Platte anrichten. Denken Sie daran, daß der Fisch mit etwas Sauce besser schmeckt. Sollte Sie zu sehr eingekocht sein, noch etwas Butter und Wein hinzufügen. Zu diesem Gericht gehört ein guter trockener Weißwein (Vernaccia di San Gimignano, Bianco di Pitigliano). Bartolomeo Sacchi sagt dazu: "Die Sogliola (Seezunge) ist ein sehr delikater Fisch, nicht sehr lang und so platt wie eine Sohle (suola), daher wohl ihr Name ... Auch dieser Fisch gehört zu den feinen."

Vorbereitungszeit:
20 Minuten.
Kochzeit:
20 Minuten.

800 g Seezungenfilets
Weizenmehl
80 g Butter
1 Glas Weißwein
1,2 kg Spinat
Salz.

Contorni

Beilagen

Cicoria

Rucola

Valeriana

Portulaca

Lattuga

Radicchio

Insalata

Gemischter Salat

Den Salat gründlich waschen, gut trocknen, zerpflücken, in eine Salatschüssel geben und anmachen. Zuerst salzen, dann etwas Essig dazugeben, gut durchmischen, dann erst das Öl hinzufügen und nochmals gut vermischen. Man kann die Salatsauce auch extra zubereiten: alle Zutaten gut verrühren und dann über den Salat gießen. Je nach Jahreszeit kann man den Salat noch mit Fenchel oder Zucchinischeibchen, Grünkohl, Stangensellerie, Kresse und Tomaten anreichern. Für ein schnelles Sommeressen braucht man nur etwas gewürfelten frischen Pecorino oder geraspelten Parmesan hinzuzufügen. Plinius der Ältere erzählt, daß ....“Kaiser Augustus durch den Genuß von Salat von einer schweren Krankheit geheilt wurde”. Apicius rät:“Feldsalat mit Garum, Öl und Essig anmachen”. Bartolomeo Sacchi schreibt: “Die Rucola regt auf unglaubliche Weise die Wollust an”.

Vorbereitungszeit:
20 Minuten.
Möglichst viele
frische Salatsorten
(Radicchio, Rauke,
Endivien, Zichorie,
Burzelkraut, Feldsalat,
Kopfsalat)
reines Olivenöl
Weinessig.

Wie Gemüse behandelt werden soll

In seinem Buch "Il Trinciante" erklärt Vincenzo Cervio lang und breit, "wie man Artischocken tranchiert". Soviel Genauigkeit kommt einem vielleicht übertrieben vor, dabei ist sie aber das A und O für das gute Gelingen Ihrer Gerichte. Nehmen Sie nur ganz frische Artischocken. Den Stiel bis auf einen Zentimeter abschneiden, (nicht wegwerfen, sondern den äußeren dunklen Teil abschneiden und zum Kochen verwenden), die äußeren dunklen und harten Blätter entfernen, bis Sie zum hellgrünen "Herzen" der Artischocke kommen, nun den oberen Teil kappen. Die Artischocke halbieren und mit einem Messer die haarigen Blättchen vorsichtig herausschneiden. Je nach dem Rezept schneiden Sie sie dann in Viertel oder Scheiben, legen Sie anschließend für ca. 5 Minuten in eine Schüssel mit Wasser, das Sie vorher leicht mit Zitronensaft gesäuert haben: so bleiben die Artischocken schön hell und laufen nicht braun an. Vor dem Kochen gut abtropfen lassen. Andere Gemüsearten beanspruchen weniger Arbeit. Meistens sind nur die äußeren Blätter, der Stengel oder die Schale zu entfernen, dann werden sie

gewaschen und zerschnitten, und schon können sie nach einem bestimmten Rezept zubereitet werden.

Ich möchte Ihnen ein kleines Küchengeheimnis verraten: Gemüse, das unter der Erde wächst, gibt man zum Kochen in kaltes Wasser, alles was über der Erde wächst, kommt sofort in heißes Wasser. Damit beim Kochen nicht zu viele Vitamine verlorengehen, sollten Sie wenig Wasser benutzen. Besser wäre natürlich die Zubereitung im Schnellkochtopf.

Salat wäscht man am besten immer in mit Natron angereichertem Wasser; das ist für den Verbraucher unschädlich, tötet aber eventuelle Bakterien ab. Anschließend den Salat noch mehrere Male in frischem Wasser nachspülen und dann gut abtropfen lassen.

Fagioli o ceci all'olio

Weiße Bohnen oder Kichererbsen mit Öl

Vorbereitungszeit: 5 Minuten.
Kochzeit: 2 Stunden.
2 kg weiße Bohnen (bei frischen das Doppelte) oder Kichererbsen
Salz
Salbei
2 Knoblauchzehen
Olivenöl.

Weiße Bohnen und Kichererbsen sind ein ganz wesentlicher Bestandteil der Florentiner Küche; damit sie gut gelingen, braucht man nur einige einfache Regeln zu befolgen.

Die Hülsenfrüchte in einem Sieb sorgfältig waschen, in einen Topf geben und reichlich mit Wasser bedecken (ca. 3 l), etwas Salz, Salbei und Knoblauch hinzufügen und in ca. 2 Stunden (bei frischen Bohnen 40 Minuten) weich kochen.

Mit gutem Olivenöl anrichten. Diese Beilage sollte nicht gereicht werden, wenn während des Essens noch andere Hülsenfrüchte vorgesehen sind. Viele meinen, daß Hülsenfrüchte mindesten acht Stunden in kaltes Wasser eingeweicht werden müssen, unter Zugabe von zwei Kaffeelöffelchen Natron. Ich bin der Ansicht, daß man bessere Ergebnisse erzielt, wenn man die Hülsenfrüchte uneingeweicht auf ganz kleiner Flamme langsam weichkocht.

Doch probieren Sie selbst, welche Variante Ihnen mehr zusagt.

Fagioli all'uccelletto

Weiße Bohnen mit Salbei

Vorbereitungszeit:
10 Minuten.
Kochzeit:
2 1/2 Stunden.
Ruhezeit:
15 Minuten

600 g weiße Bohnen
4 EL reines Olivenöl
300 g Tomaten
Knoblauch
Salbei
schwarzer Pfeffer.

Die Bohnen wie in dem vorhergehenden Rezept weich kochen: Öl, Knoblauch und Salbei andünsten, die gut abgetropften Bohnen hinzufügen, fünf Minuten kochen lassen, dann die durchpasierten Tomaten zugeben, Salzen, Pfeffern und weitere 10 Minuten kochen lassen. Vor dem Auftragen 15 Minuten ruhen lassen. Diese Bohnen sind eine ausgezeichnete Beilage für Kochfleisch oder grobe Bratwurst.

Auch Pellegrino Artusi meint: "... diese Bohnen eignen sich gut als Beilage für Kochfleisch oder als eigener Gang."

Piselli novelli in casseruola

Erbsengemüse

Vorbereitungszeit:
15 Minuten.
Kochzeit:
20 Minuten.
3 kg ganz junger Zuckererbsen
50 g Dörrfleisch
3 EL reines Olivenöl
Petersilie
2 Knoblauchzehen
Salz.

Die Erbsen enthülsen. Das in Würfel geschnittene Dörrfleisch in Öl glasig braten, die Erbsen, ein Sträußchen Petersilie, den Knoblauch, eine Prise Salz und zwei Glas Wasser hinzufügen. Bei leichter Hitze in zwanzig Minuten gar dünsten. Petersilie und Knoblauch entfernen und servieren. Diese Erbsen sind eine Frühlingsspezialität und eignen sich als Beilage für alle Fleischgerichte.

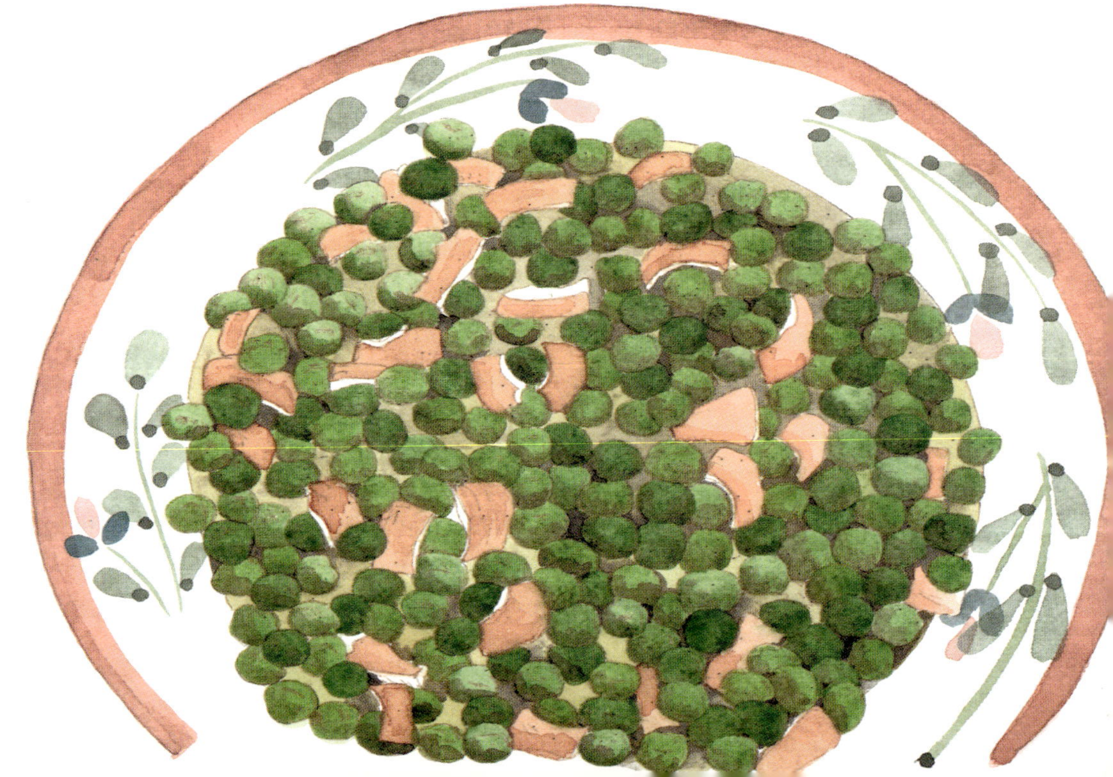

Rape

Rübenkohl

Das Gemüse sorgfältig putzen, zu dicke oder gelbe Blätter entfernen, bleibt etwa 1,5 kg übrig Gemüse sorgfältig waschen, in Streifen schneiden und zusammen mit dem Knoblauch in heißes Öl geben. Kurz andünsten und ein Glas Wasser und etwas Peperoncino hinzufügen. Bei leichter Hitze etwa zwanzig Minuten dünsten, das Wasser muß ganz verdunsten. Anschließend mit Salz abschmecken. Dieses Gemüse finden Sie in vielen Varianten. Für dieses Rezept hier brauchen Sie die Sorte, die kleine geschlossene Blüten hat. Sie können aber auch die anderen nehmen, die nur Blätter haben. Diese werden nach dem Säubern in heißes Wasser gegeben, gesalzen und etwa 30 Minuten gekocht. Auch der Anonimo Toscano erwähnt dieses Rezept: "Nur die Köpfe des Kohls abschneiden und im Wasser kochen."

Vorbereitungszeit:
20 Minuten.
Kochzeit:
20 Minuten.
2 kg Rübenkohl oder Broccoli
4 EL Olivenöl
3 Knoblauchzehen
Salz
Peperoncino.

Fritto misto

Ausgebackenes Gemüse

*Vorbereitungszeit:
30 Minuten.
Kochzeit:
20 Minuten.
Artischocken, Zucchini, Auberginen, Zwiebeln, Spargel, Blumenkohl, Zucchiniblüten, Pilze
reines Olivenöl
Salz.
Vorbereitungszeit:
5 Minuten
150 g Weizenmehl
1 EL Olivenöl
Salz.*

Die Gemüse sorgfältig putzen und in kleine Stücke schneiden. Auberginen und Zwiebel in Ringe schneiden, die Zucchine in dicke Streifen, die Artischocken in Viertel, Spargel und Zucchiniblüten nur vom harten Stiel befreien. Pilzhüte vorsichtig abtupfen; diese nur in Mehl wenden und in heißem Öl ausbacken. Den Ausbackteig folgendermaßen vorbereiten: Mehl, Öl, eine Prise Salz und Wasser zu einem dicklichen Teig verrühren. Zur Abwechslung können Sie statt Wasser auch mal Bier verwenden. Den Teig eine Stunde lang in den Kühlschrank stellen, denn der Ausbackteig wird um so knuspriger, je größer der Temperaturunterschied zwischen dem Teig und dem heißen Öl ist. Die Gemüsestücke nun in den Teig tauchen und in reichlich Öl bei mittlerer Hitze goldgelb backen. Achten Sie darauf, daß der Teig nicht zu braun wird, denn das Gemüse bekommt sonst leicht einen bitteren Geschmack. Die aus-

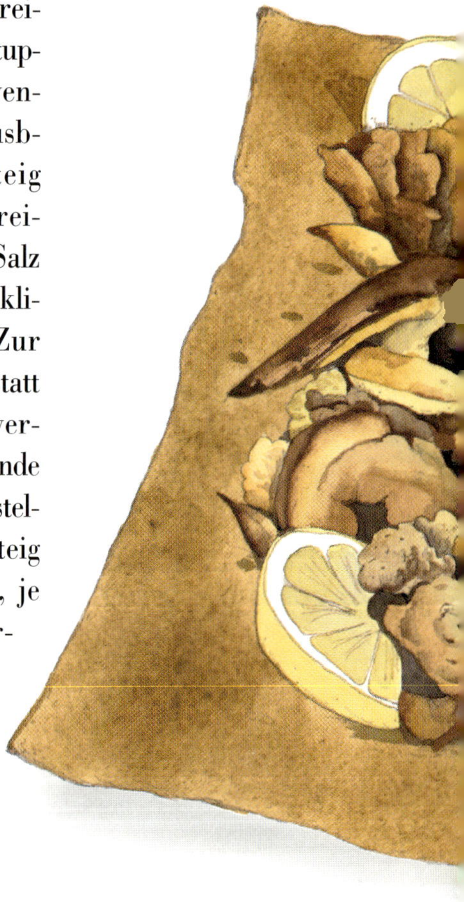

gebratenen Stücke auf Küchenpapier abtropfen lassen, salzen und sofort heiß auftragen. Pellegrino Artusi meinte schon damals: "Die in der Toskana übliche Ausbackmethode ist die beste. Da man dort großen Gebrauch (und auch Mißbrauch) von Gemüsen macht, bereitet man sie auch besser zu als anderswo."

Patate lesse

Pellkartoffeln

Vorbereitungszeit:
5 Minuten.
Kochzeit:
30 Minuten.
1 kg Salatkartoffeln
Wasser
reines Olivenöl
Petersilie.

Die Kartoffeln in reichlich kaltes Wasser geben, zum Kochen bringen, salzen und dreißig Minuten kochen lassen. Abgießen, abkühlen lassen, schälen und in ziemlich dicke Scheiben schneiden. Auf eine Platte geben, mit Petersilie bestreuen und Olivenöl darüberträufeln. Wenn Sie Knoblauch mögen, fügen Sie noch eine fein gehackte Zehe hinzu. Eine schmackhafte Beilage besonders für den Sommer. Sie können diese Kartoffeln auch mit Dörrfleisch in etwas Butter goldbraun braten, zum Schluß mit geriebenem Parmesan bestreuen.

Purè di patate

Kartoffelpüree

Die Kartoffeln abkochen und durchpassieren oder zerstampfen. In heiße

Milch geben, tüchtig schlagen und unter ständigem Rühren zehn Minuten bei mäßiger Hitze kochen lassen. Salzen und eventuell noch etwas Milch zugeben. Zum Schluß die Butter zugeben und heiß servieren. Reste von Püree können folgendermaßen zubereitet werden: Zum Püree ein Ei, geriebenen Parmesan und Speckwürfel geben, in eine gebutterte Form geben und bei 180° 15 Minuten im Backofen gratinieren.

Vorbereitungszeit:
15 Minuten.
Kochzeit:
45 Minuten.
1 kg Kartoffeln
1 l Milch
40 g Butter
Salz.

Patate fritte

Pommes frites

Vorbereitungszeit:
10 Minuten.
Kochzeit:
20 Minuten.
1 kg Kartoffeln
reines Olivenöl
Salz.
nach Belieben:
Knoblauch
Rosmarin
Salbei.

Die Kartoffeln schälen, in fingerdicke gleichmäßige Stengel schneiden. In einer großen Pfanne reichlich Öl erhitzen, die Kartoffeln hineingeben und drei Minuten ganz heiß frittieren, dann die Pfanne zudecken und bei leichter Hitze zehn Minuten braten. Topf öffnen, die Kartoffeln vorsichtig wenden, und nochmals bei starker Hitze fünf Minuten backen. Wenn sie goldgelb sind, herausnehmen und auf Küchenpapier abtropfen lassen. Auf eine vorgewärmte Platte geben und erst kurz vor dem Auftragen salzen. Sie können die Kartoffeln auch aromatisieren, indem Sie gegen Ende der Backzeit Knoblauch, Rosmarin oder Salbei hinzufügen und mitbacken lassen. Über diese Kartoffeln können Sie auch die Saucen der Braten geben, zu denen die Pommes als Beilage serviert werden.

Patate e cipolle

Gratinierte Kartoffeln mit Zwiebeln

Kartoffeln und Zwiebeln schälen, in dicke Scheiben schneiden und in abwechselnden Schichten in eine Auflaufform geben, etwas Öl, Rosmarin und Salz darübergeben und bei 180° ca. 30 Minuten im Backofen gratinieren. Wenn sich eine goldgelbe Kruste gebildet hat, aus dem Ofen nehmen, etwas abkühlen lassen und auftragen. Diese Beilage ist sehr kräftig, deshalb nicht als Beilage zu anderen schweren Gerichten reichen. Im Winter könnten diese Kartoffeln auch als erster Gang serviert werden.

Vorbereitungszeit: 20 Minuten.
Kochzeit: 30 Minuten.
1 kg Kartoffeln
1 kg Zwiebeln
reines Olivenöl
frischer Rosmarin
Salz.

Cavolfiore stufato

Geschmorter Blumenkohl

Vorbereitungszeit:
15 Minuten.
Kochzeit:
20 Minuten.
1 kg Blumenkohl
1 Knoblauchzehe
3 EL Olivenöl
200 g Tomaten
Salz.

Den Blumenkohl in kochendem Salzwasser kurz blanchieren. Dann in die Röschen zerteilen. Öl und Knoblauch erhitzen, den Blumenkohl zugeben und andünsten. Nach ca. 10 Minuten die durchpassierten Tomaten dazugeben, fünf Minuten weiterschmoren, salzen und dann heiß servieren. Man kann den Blumenkohl auch unblanchiert zubereiten. Bei mäßiger Hitze und unter Zugabe von etwas heißem Wasser langsam gar dünsten. Auch beim Toscano wird dieses Rezept erwähnt.

Asparagi

Grüner Spargel

Den weißen Teil der Spargel abschneiden, waschen, zusammenbinden und "al dente" (bißfest) blanchieren, in eine Auflaufform geben, zerlassene Butter darübergießen, eine Prise Salz und geriebenen Parmesan zugeben und im Backofen gratinieren.

Sie können die blanchierten Spargel auch mit folgender Sauce servieren: Vermischen Sie Öl, Salz und Zitronensaft und geben Sie sie über die Spargel.

Spargel sind gut für die Verdauung und entwässern. Hinweise auf die Spargel finden wir auch bei Apicius: "Die getrockneten Spargel in warmes Wasser einweichen, so werden sie wieder schön fest."

Vorbereitungszeit: 10 Minuten.
Kochzeit: 30 Minuten.

2 kg grüner Spargel
100 g Butter
100 g Parmesan
Salz.

Carciofi ritti

Artischockengemüse

Vorbereitungszeit: 30 Minuten.
Kochzeit: 30 Minuten.

9 frische Artischocken
3 EL Olivenöl
Salz
Thymian.

Die Artischocken säubern, in Zitronenwasser legen, die Blätter lockern und auseinanderbiegen. Das Öl erhitzen, die Artischocken mit dem Stiel nach oben hineingeben, salzen und zugedeckt schmoren lassen, nach etwa sieben Minuten ein Glas Wasser zugießen und fertig garen. Achten Sie darauf, daß die Sauce nicht zu sehr einkocht, weil Sie sie zum Servieren brauchen. Bevor Sie die Artischocken vom Feuer nehmen, mit Salz abschmecken und zum Schluß frischen Thymian oder, je nach Belieben, Petersilie darüberstreuen.

Dolci

Süßspeisen

Mengenangaben

Italienisch	Englisch	Amerikanisch	
Gramm	**UK Pounds**	**USA Tassen**	**GB/Löffel**
10 g	1/4 oz		1 1/2 tsp
50 g	2 oz	1/4	4 tbsp
100 g	3 1/2 oz	1/2	8 tbsp
150 g	5 oz	3/4	12 tbsp
200 g	7 oz	1	16 tbsp
250 g	9 oz	1 1/3	
300 g	11 oz	1 1/2	
350 g	12 oz	1 3/4	
400 g	14 oz	2	
500 g	1 lb	2	
1 kg	2 lb	4	
1 1/2 kg	3 lb	6 1/2	
2 kg	4 lb	9	

°Celsius	°Fahrenheit	Gas Mark
160	300	2
180	350	4
200	400	6

Liter	Pints	Tassen
1/2	1	2
1	2	4
1 1/2	3	6

Zentimeter	Inch
1	0,394
10	3,94

Schiacciata alla fiorentina

Florentiner Kuchen

Mehl in eine Schüssel geben, nach und nach das Öl, die Milch, die abgeriebene Schale einer unbehandelten Apfelsine, den Safran, Zucker, Eier und eine Prise Salz hinzufügen. Alles gut vermengen, bis ein glatter Teig entsteht. Nun noch Backpulver dazugeben, verrühren und den Teig in einer gut gefetteten rechteckigen Backform verteilen (ca. 2 cm hoch). Im vorgeheizten Backofen bei 150° eine halbe Stunde lang backen. Abkühlen lassen, mit Puderzucker bestreuen oder Muster jeglicher Art auflegen und dann erst mit Puderzucker bestreuen, besonders wenn Sie den Kuchen zu einem Festtag backen. Wenn Sie etwas ganz Besonderes daraus machen wollen, dann schneiden Sie den Kuchen quer auf und bestreichen Sie den unteren Teil mit Sahne oder Schokoladencreme, und legen Sie dann das andere Stück wieder obenauf. "Schiacciata" ist typisch für die Karnevalszeit. Früher benutzte man für die Zubereitung Schmalz, was ich aber lieber durch Öl ersetzt habe.

Vorbereitungszeit:
15 Minuten.
Backzeit:
30 Minuten.
250 g Weizenmehl
4 EL Olivenöl
(oder 50 g Schweineschmalz)
1 Glas Milch
eine ungespritzte Apfelsine
1/2 Kaffeelöffel Safran
90 g Zucker
2 Eier
1/2 Tütchen Backpulver
Puderzucker
Salz.

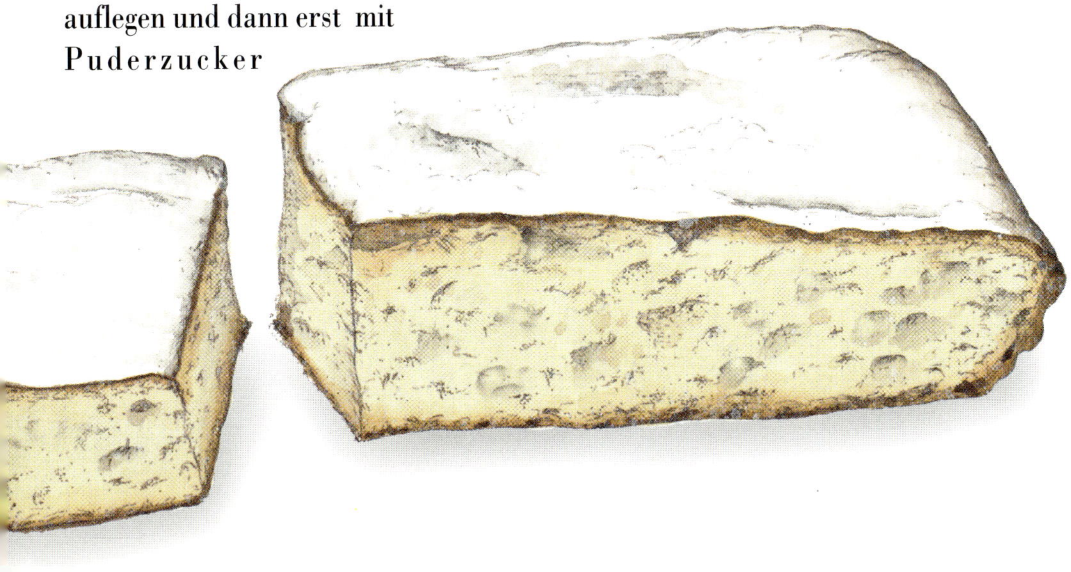

Schiacciata con l'uva

Florentiner Kuchen mit Trauben

Vorbereitungszeit: 30 Minuten.
Ruhezeit für den Teig: 2 Stunden.
Backzeit: 40 Minuten.

Für den Teig:
25 g Bierhefe
350 g Weizenmehl
4 EL reines Olivenöl
100 g Zucker
Salz.

Für die Füllung:
1 kg blaue Trauben
Zucker
reines Olivenöl
Rosmarin.

Mehl, Öl, zwei Eßlöffel Zucker, eine Prise Salz in eine Schüssel geben, die Hefe in einem Glas lauwarmem Wasser auflösen und über die anderen Zutaten geben, schnell alles miteinander vermengen und eine Teigkugel formen. Zugedeckt für etwa zwei Stunden an einen warmen Ort stellen. Die einzelnen Trauben waschen und in einem Sieb abtropfen lassen. (keine Tafeltrauben verwenden, sondern nur die kleineren Weintrauben).

Den Teig in zwei Hälften teilen und zu zwei dünnen Rechtecken ausrollen.

Ein Rechteck auf ein gefettetes Backblech legen und mit der Hälfte der Trauben bedecken, zuckern, die zweite Hälfte darüberlegen und die restlichen Trauben darauf verteilen. Noch einmal leicht zuckern.

In einer Pfanne Olivenöl erhitzen und den Rosmarin kurz andünsten, abkühlen lassen, das Öl filtern und über den Teig gießen. In den vorgeheizten Backofen und bei 180° ca. 40 Minuten backen.

Castagnaccio

Kastanientorte

Das Kastanienmehl mit etwa 0,8 l kaltem Wasser vermengen und so lange rühren, bis ein zähflüssiger, glatter Teig entsteht. Die vorher eingeweichten und gut ausgedrückten Rosinen nun zu dem Teig geben, zwei Eßlöffel Öl, eine Prise Salz, die Pinienkerne und die Nüsse hinzufügen und gut mit dem Teig verarbeiten. Ca. 1 cm dick ausrollen und in eine gefettete runde Kuchenform legen. Mit einem Eßlöffel Öl beträufeln, einigen Rosmarinblättern bestreuen und im Backofen bei 180° etwa 30 Minuten backen. Anschließend eine halbe Stunde abkühlen lassen. Der Kuchen kann sowohl lauwarm wie auch kalt gegessen werden. Über lange Zeit hinweg gehörten Kastanien zu den Grundnahrungsmitteln der Bergbevölkerungen und den ärmeren Schichten im allgemeinen. Sie waren nicht nur sehr nahrhaft, sondern hatten auch noch den Vorteil, sehr billig zu sein. Das "Castagnaccio" - in einigen Gebieten der Toskana auch "migliaccio" genannt - wurde von den Florentinern nur noch mit Pinienkernen angereichert. Ich habe Ihnen hier eine Mischung aus Pisa- und Lucca-Tradition vorgestellt, weil es mir so am besten schmeckt.

Vorbereitungszeit:
20 Minuten.
Backzeit:
30 Minuten.
Ruhezeit:
30 Minuten.

600 g Kastanienmehl
3 EL reines Olivenöl
Salz
70 g Rosinen
40 g Pinienkerne
40 g Walnüsse
Rosmarin.

Bongo

Windbeutel

Vorbereitungszeit:
30 Minuten.
Backzeit:
40 Minuten.
Für ca. 35 Beutel werden benötigt:
60 g Butter
300 ml Wasser
Salz
125 g Weizenmehl
4 Eier
800 g flüssige Schlagsahne
Puderzucker
150g Zartbitterschokolade.

Butter mit dem Wasser in einen Topf geben und langsam erwärmen, so daß die Butter schmilzt. Eine Prise Salz, dann das ganze Mehl auf einmal hinzugeben und sofort kräftig umrühren, bis sich ein dickflüssiger Teig bildet, ca. 15 Minuten kochen lassen, bis das ganze Wasser absorbiert ist, und sich der glatte Teig von den Seiten und vom Boden des Topfs löst. Vom Feuer nehmen, abkühlen lassen. Nun die Eier nach und nach hineinschlagen und sofort mit dem Teig verarbeiten. Ausrollen und kleine Beutel formen, in eine gebutterte feuerfeste Form geben und im Backofen bei 180° etwa 20 Minuten überbacken. In der Zwischenzeit die Sahne schlagen, mit Puderzucker süßen. Die Schlagsahne in eine Tortenspritze geben und die erkalteten Windbeutel damit füllen. Schokolade im Wasserbad zum Schmelzen bringen, abkühlen lassen und mit der restlichen Schlagsahne vermengen. Die Windbeutel einen nach dem anderen hineintauchen, auf einem Teller pyramidenförmig anordnen und mit Schlagsahneflocken dekorieren. Ursprünglich wurden diese Windbeutelchen im Öl ausgebraten; das Florentiner Rezept kam bis nach Frankreich und wurde dort pates à chaud, also "warmes Teilchen" genannt.

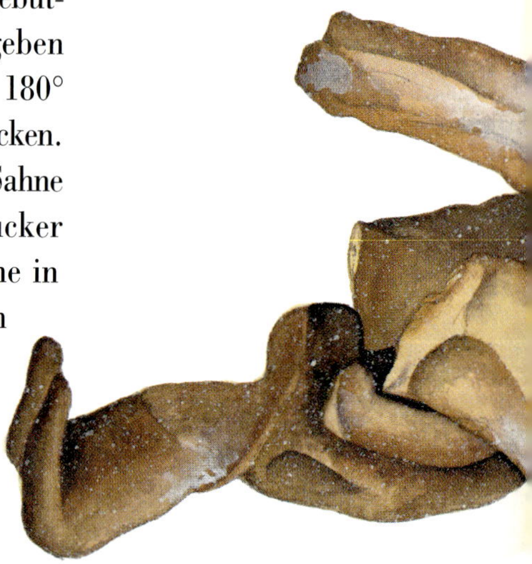

Cenci

Gezuckerte Teigläppchen

Mehl in eine Schüssel geben und mit den Eiern, dem Zucker, dem Vin Santo und der geriebenen Schale einer unbehandelten Zitrone sowie drei Eßlöffeln Öl und einer Prise Salz vermengen. Die Masse gut durchkneten und dünn ausrollen (ca. 3 mm).In etwa 8 cm breite Streifen schneiden, die Streifen dann in Rombenform zusammenlegen und zum Ausbacken in eine Pfanne mit heißem Öl geben. Goldgelb backen, herausnehmen und auf Küchenpapier abtropfen lassen. Anschließend mit reichlich Puderzucker bestäuben. Wenn Sie "Cenci" schöner machen wollen, können Sie den Teig mit einem gezackten Rädchen ausrollen oder einfach andere geometrische Formen bilden. So wie der Florentiner Kuchen sind auch diese Teigläppchen typisch für die Karnevalszeit und besonders in Nord-Mittelitalien sehr verbreitet. Häufig sind sie aber unter anderem Namen bekannt; in Bologna z.B. nennt man sie "fràppole", in Mailand "chiacchiere".

Vorbereitungszeit: 30 Minuten.
Frittierzeit: 15 Minuten.
400 g Weizenmehl
2 Eier
3 gehäufte Eßlöffel Zucker
ein halbes Glas Vin Santo (Dessertwein)
eine ungespritzte Zitrone
Olivenöl
Puderzucker
Salz.

Bomboloni

Kreppel

Vorbereitungszeit: 30 Minuten.
Ruhezeit des Teiges: 3 Stunden.
Ausbackzeit: 15 Minuten.
25 g Bierhefe
200 g Milch
100 g Zucker
Salz
500 g Weizenmehl
eine ungespritzte Zitrone
1 Tütchen Vanillezucker
80 g Butter
reines Olivenöl.

Zerbröckeln Sie in einem Topf die Bierhefe, geben Sie die lauwarme Milch, die Hälfte des Zuckers, eine Prise Salz dazu. Mit einem Holzlöffel alles sorgfältig umrühren, und wenn sich die Hefe aufgelöst hat, in eine Schüssel umgießen, das Mehl, die geriebene Zitronenschale, Vanille und die zerlassene Butter hinzufügen. Alles zu einem glatten Teig verarbeiten und 2 Stunden zugedeckt an einem warmen Ort stehenlassen. Den Teig ca. 1 cm dick ausrollen, mit einem Glas Scheiben von etwa fünf cm Durchmesser ausstechen und bedeckt noch eine weitere Stunde stehenlassen. Danach in heißem Öl ausbacken, bis sie von allen Seiten goldgelb sind. Herausnehmen, auf Küchenpapier abtrocknen lassen und mit Zucker bestreuen. Je nach Belieben können Sie die Kreppel mit Marmelade, Creme oder Schokolade füllen.

Tiramisù

Tiramisu

In einer Schüssel das Eigelb mit dem Zucker schaumig schlagen, Mascarpone und den Eiweißschnee vorsichtig unterrühren. Auf einer Platte die Savoiardi-Biskuits (Löffelbiskuits) anrichten, die Sie vorher in einem Gemisch aus Kaffee Espresso und Whisky getränkt haben. Die Biskuits reichlich mit der Mascarpone-Creme bestreichen und mit bitterem Kakaopulver bestreuen. Eine neue Schicht Biskuits legen und wiederum wie vorher bestreichen. Die letzte Schicht immer mit bitterem Kakao bestreuen. Vor dem Servieren mindestens eine Stunde im Kühlschrank ruhen lassen. Wenn Sie auf die Schnelle einen schmackhaften Nachtisch machen wollen, dann bröckeln Sie in eine Glasschale drei Amaretti pro Schale und bedecken Sie sie mit der Mascarpone-Creme. Dieses Rezept stammt zwar nicht aus der Florentiner Küche, wird aber inzwischen seit Jahren auch bei uns benutzt und ist besonders im Winter sehr beliebt. Ich rate Ihnen, den Nachtisch schon am Vortag zuzubereiten, da die Creme so am besten ihren Geschmack entfaltet.

Vorbereitungszeit:
20 Minuten.
Ruhezeit:
24 Stunden.
4 Eier
150 g Zucker
500 g Mascarpone
300 g Löffelbiskuits
ein Espresso
2 Löffel Whisky
bitteres Kakaopulver.

Zuccotto

Zuccotto

Vorbereitungszeit:
40 Minuten.
Kochzeit:
10 Minuten.
Ruhezeit im Kühlschrank:
6 Stunden.
400 g Biskuittorte
500 ml frische Sahne
Puderzucker
Maraschino-Likör
100 g zartbittere Schokolade
50 g Zitronat oder Orangeat
50 g geraspelte Schokolade.

Drei Viertel der Biskuittorte in rechteckige Scheiben schneiden und damit eine glatte Puddingform auslegen. Mit dem Likör tränken (Sie können dazu einen Pinsel benutzen). Die Sahne zu Schnee schlagen und mit Puderzucker süßen. Die Schokolade im Wasserbad zum Schmelzen bringen, abkühlen lassen mit der Hälfte der Schlagsahne vermengen und auf den Biskuit in der Form streichen. Darauf achten, daß sich alles gleichmäßig verteilt.Die Schokolade raspeln, das Zitronat und Orangeat mit der restlichen Sahne vermischen und auch in die Form geben. Die Masse mit der restlichen Biskuittorte bedecken, die Form mit Wachspapier gut verschließen und für sechs Stunden in den Kühlschrank stellen. Vor dem Servieren die Puddingform kurz in warmes Wasser tauchen und dann auf eine Platte stürzen. Zu diesem Dessert eignet sich ein Weißwein wie “Aleatico dell’Elba” oder ein süßer “Vin Santo”.

Torta di mele

Apfeltorte

Die Eier und den Zucker schaumig schlagen, nach und nach das Mehl, den Joghurt, das Öl und die geriebene Schale einer Zitrone hinzufügen. Gut miteinander verrühren. Die Apfelstückchen kleinschneiden.

Eine Springform buttern und leicht bemehlen, die Apfelstückchen hineingeben, mit Zucker bestreuen und Zitronensaft darüberträufeln. Nun die Teigmasse darübergeben und im vorgeheizten Backofen eine halbe Stunde bei 180° backen. Je nach Belieben vor dem Servieren mit Puderzucker bestreuen.

Lauwarm schmeckt diese Torte am besten, aber Sie können sie auch heiß mit Eis, oder kalt mit warmer Creme servieren. Am besten benutzen Sie Äpfel des Typs "Renette", deren Fruchtfleisch saftig und leicht säuerlich ist.

Schon Domenico Romoli erwähnt dieses Rezept.

Vorbereitungszeit:
30 Minuten.
Backzeit:
40 Minuten.
1 Naturjoghurt
150 g Weizenmehl
120 g Zucker
3 Eier
3 EL Olivenöl
1 unbehandelte Zitrone
1 halbes Tütchen Backpulver
6 Äpfel.

Quaresimali

Spritzgebäck

Vorbereitungszeit:
20 Minuten.
Backzeit:
10 Minuten.
3 Eier
150 g Puderzucker
100 g Weizenmehl
50 g ungesüßtes Kakaopulver
Salz.

Das Eiweiß zu Schnee schlagen, vorsichtig das Mehl, den Kakao, Zucker und eine Prise Salz unterrühren. In eine Cremespritze füllen und auf ein gebuttertes Blech Buchstaben spritzen. Achten Sie darauf, genügend Platz zwischen den einzelnen Buchstaben zu lassen, da sie sonst beim Backen zusammenkleben. Ca. 10 Minuten bei 150° im Backofen backen, (sie müssen dunkelbraun werden).
Diese Plätzchen sind, wie auch ihr Name besagt, ein typisches Produkt für die Fastenzeit (quaresima).

Pinocchiati

Pinienkernmakronen

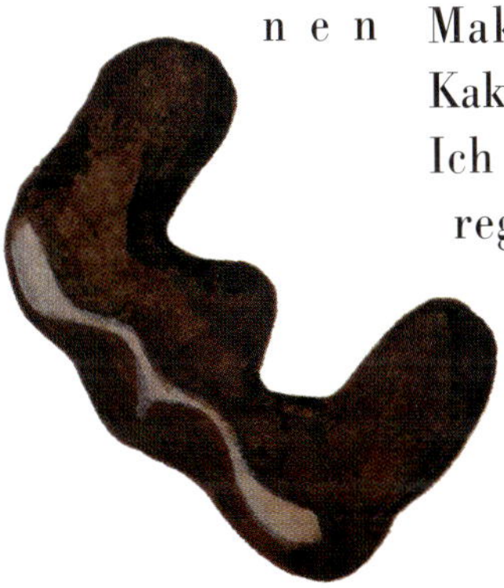

Zucker und ein halbes Glas Wasser in einen Topf geben und auf kleiner Flamme so lange rühren, bis der Zucker eingedickt ist, nicht anbrennen lassen. Vom Feuer nehmen und unter ständigem Rühren die geschälten Pinienkerne hinzufügen. Oblaten auf ein Backbrett legen und auf jede eine kleine Teigflocke streichen.

Vor dem Servieren gut abkühlen lassen. Dieses Dessert kann man auch auf einer einzigen großen Oblate zubereiten. Nach dem Abkühlen dann in kleine Stücke schneiden. Schon zur Zeit der Renaissance gehörten diese Makronen zu den festlichen Tafeln der Florentiner Familien. Heute sind sie besonders in Umbrien noch weit verbreitet, wo die Makronen allerdings mit Kakao angereichert werden. Ich mag sie besonders an regnerischen Tagen zum Nachmittagskaffee.

Vorbereitungszeit: 30 Minuten.
Kochzeit: 15 Minuten.
500 g Zucker
300 g Pinienkerne
20 Oblaten von ca. 5 cm Durchmesser.

Crespelle dolci

Süße Pfannkuchen

Vorbereitungszeit: 20 Minuten.
Kochzeit: 15 Minuten.
2 Eier
125 g Weizenmehl
Salz
250 ml Milch
30 g Butter
Zucker
Zimt
einige Blättchen frische Minze
Puderzucker.

In einer Schüssel die Eier schaumig schlagen, das Mehl und eine Prise Salz unterrühren und nach die Milch, die zerlassene Butter und einen Eßlöffel Zucker hinzufügen. In einer Pfanne wird ein wenig Butter zerlassen, 4 EL Teig hineingegeben und den Pfannkuchen auf beiden Seiten goldgelb backen. Herausnehmen und viermal zusammenlegen, mit Puderzucker und Zimt bestäuben und Minzblättchen dekorieren. Je nach Belieben können Sie sie auch mit der folgenden Obstsauce anrichten: in einen Topf ca. ein halbes Kilo Waldbeeren geben, einen Eßlöffel Zucker und einen EL Maraschino hinzufügen und unter ständigem Rühren einkochen lassen. In wenig Wasser etwas Speisestärke auflösen und zu der Sauce geben. Abkühlen lassen. Dieses Rezept findet sich auch in den handschriftlichen Aufzeichnungen des Cristoforo Messi Sbugo.

Frittelle

Frittelle

Den Reis in der Milch unter häufigem Rühren kochen, dann die Schale einer Zitrone hineingeben und zwölf Stunden ruhen lassen. Die Zitronenschale wieder herausnehmen, Butter, Mehl, die über Nacht eingeweichten Rosinen, den Vin Santo, Zucker, geriebene Apfelsinen und Zitronenschale zufügen. Das Eiweiß zu Schnee schlagen und zusammen mit dem verquirlten Eigelb unter den kalten Reis heben. In einer Pfanne reichlich Öl erhitzen, den Teig in kleine Bällchen formen und darin goldgelb ausbacken, auf Küchenpapier abtrocknen lassen und vor dem Servieren mit Zucker bestreuen. In Florenz ißt man diese Köstlichkeit besonders am 19. März, dem St. Josefstag. Gut paßt dazu ein Vin Santo.

Vorbereitungszeit:
20 Minuten.
Ruhezeit für den Reis:
12 Stunden.
Zum Ausbacken:
20 Minuten
1 l Milch
300 g Reis Typ Originario oder Sant'Andrea (auch jeder Milchreis)
50 g Butter
2 EL Weizenmehl
100 g Rosinen
1 Likörglas Vin Santo
150 g Zucker
1 Apfelsine
2 Zitronen
(Zitrusfrüchte ungespritzt)
2 Eier
reines Olivenöl.

Sorbetto

Sorbett

Vorbereitungszeit: 20 Minuten.
Kochzeit: 2 Minuten.
Ruhezeit: 10 Minuten.
Im Tiefkühlfach: 6 Stunden.
200 g Zucker
4 ungespritzte Zitronen oder Apfelsinen
1/2l Wasser
1 Ei
Salbei oder Minze.

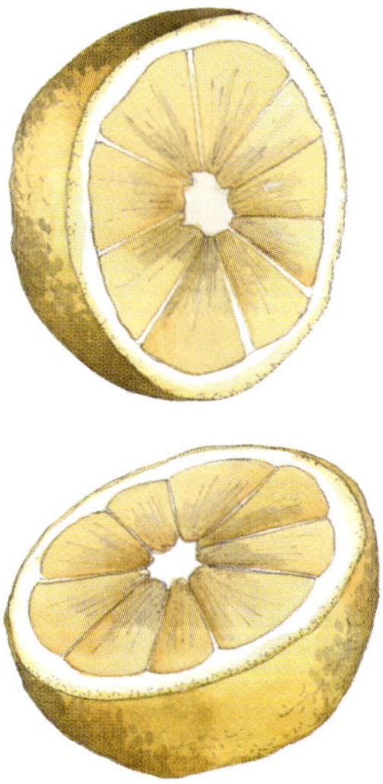

Wasser und den Zucker in einen Topf geben und auf mittlerer Flamme zwei Minuten kochen lassen. Den Sirup schaumig rühren, Obstsaft und die geriebenen Schalen dazugeben. Die Masse zehn Minuten ruhen lassen, filtern und in eine Schüssel geben. Ganz abkühlen lassen, das zu Schnee geschlagene Eiweiß unterheben und in das Tiefkühlfach stellen. Vor dem Servieren mit frischer Minze oder Salbei dekorieren.

Diese “gastronomische Pause” war bei den Medici sehr beliebt und geht auf das 13. Jahrhundert zurück. Damals waren im Stadtteil von Santa Maria del Fiore sogar Räume zur Herstellung von Eis gebaut worden. Das Sorbett servierte man gewöhnlich als Dessert, aber bei Festessen mit vielen Gängen legte man damit eine Art von Erfrischungspause ein, meistens zwischen dem ersten Gang und den Hauptgerichten. Zitrusfrüchte wurden zu ornamentalen Zwecken in fast allen Gärten der Stadt angebaut.

Merende

Zwischenmahlzeiten

Einführung in die Geheimnisse des Brotbackens

Zu den Grundlebensmitteln eines jeden Volkes gehört das Brot, mit dem man die schmackhaftesten Speisen zubereiten kann. Erlauben Sie mir deshalb, diesem uns so wichtigen Nahrungsmittel einen besonderen Platz einzuräumen und Ihnen einige Ratschläge zum guten Gelingen Ihres Brotes zu erteilen.

1. Achten Sie darauf, daß alle Zutaten nie kühler als 18° gelagert werden dürfen.
2. Der Grundteig wird wie folgt vorbereitet: das Mehl auf einem Backbrett anhäufen, eine kleine Delle eindrücken und die in lauwarmem Wasser aufgelöste Hefe hineingeben. Den Teig gut durchkneten und ruhen lassen.
3. Dabei den Teig immer mit einem vorgewärmten sauberen Küchentuch zudecken und an einen warmen Ort stellen.
4. Erst wenn sich die Teigkugel um das Doppelte vergrößert hat, können sie weiterarbeiten.
5. Wenn Sie Gewürze oder Aromastoffe zufügen wollen, dann nur in Pulverform.
6. Damit die Kruste nicht gleich zu hart wird oder sogar anbrennt, rate ich Ihnen, während der ganzen Backzeit einen mit wenig Wasser gefüllten Behälter unter das Brotblech zu stellen. Der entstehende Dampf wird dafür sorgen, daß Ihr Brot schön knusprig bäckt.
7. Brot immer erst nach dem Abkühlen essen.
8. Je größer Sie den Laib machen, desto länger läßt sich das Brot aufheben.

Vorbereitungszeit: 30 Minuten. Ruhezeit: 2 Stunden.
Backzeit: ca. 30 Minuten.

500 g Weizenmehl, 30 g Bierhefe, 250 ml Wasser, 3 EL Olivenöl, 10 g Salz

Heute überläßt man das Brotbacken meistens dem Bäcker, doch wenigstens einmal sollten Sie sich selbst daran wagen. Denn nichts ist schöner, als “sein” Brot nach dem Backen in den Händen zu haben, ein Gefühl, das man schon fast poetisch nennen könnte.

Lösen Sie die Hefe in lauwarmem Wasser auf, geben Sie das Öl, Salz und das Mehl dazu.

Gut durchkneten und eine Kugel formen, die zugedeckt zwei Stunden an einem warmen Platz ruhen muß. Dann auf ein bemehltes Backbrett geben und die gewünschten Laibe daraus formen. Den Backofen auf 200° vorwärmen. Das Brot auf allen Seiten goldgelb backen. Nach dem Abstellen des Backofens die Ofentür leicht öffnen und das Brot noch eine Weile ruhen lassen.

Hier einige Vorschläge für den Brotbelag

Öl und Essig

Brot in Scheiben schneiden und jede Scheibe mit reinem Olivenöl und wenigen Tropfen Weinessig beträufeln, salzen.

Öl und Tomaten

Eine frische Tomate halbieren und auf den Brotscheiben zerdrücken, so daß sie rot werden, eine Prise Salz darüberstreuen, zum Schluß noch mit frischem Olivenöl beträufeln.

Butter und Sardelle

Die Scheiben mit Butter bestreichen, die in Öl eingelegten Sardellen klein schneiden und über die Brotscheibe verteilen.

Butter und Marmelade

Brot mit Butter bestreichen und darauf die Marmelade verteilen.

Pandiramerino

Rosmarinbrötchen

Hefe in lauwarmem Wasser auflösen und zu dem Mehl geben, verrühren, noch etwas warmes Wasser, drei Eßlöffel Öl und den Zucker dazugeben und alles schnell verarbeiten, gut durchkneten und den Teig zu einer Kugel formen. Zwei Stunden zugedeckt ruhen lassen. In einem Töpfchen zwei EL Öl erwärmen, gesäuberten frischen Rosmarin hinzufügen und kurz mit erwärmen. Vom Feuer nehmen und die Sultaninen hinzufügen. Nach dem Abkühlen in den Teig hineinarbeiten, nochmals durchkneten und sechs kleine Brötchen formen, auf eine bemehltes Blech legen und noch eine halbe Stunde ruhen lassen. Dann die Laibchen oben quer einschneiden, mit Öl bepinseln und bei 180° eine halbe Stunde im Ofen backen. Früher waren die "Ramerino" (abgeleitet von dem dialektalen Ausdruck "ramerino" statt "rosmarino"), eine Spezialität, die besonders am Gründonnerstag gegessen wurde.

Vorbereitungszeit:
30 Minuten.
Ruhezeit für den Teig:
2 1/2 Stunden.
Backzeit:
30 Minuten.
25 g Bierhefe
400 g Weizenmehl reines
Olivenöl
150 g Zucker
Rosmarin
150 g Sultaninen.

Schiacciata con l'olio

Brotfladen mit Öl

Brotteig vorbereiten (s. "Bauernbrot"), ausrollen und ein bis zwei mehr oder weniger große Fladen daraus formen. Die Oberfläche mit Fingerkuppen öfters eindrücken, mit Salz bestreuen und reichlich mit reinem Olivenöl beträufeln. Auf ein bemehltes Brett legen, und in den vorgeheizten Backofen stellen, 15 Minuten bei 200° backen. Die Fladen können vor dem Backen je nach Belieben mit Tomaten, Zucchini, Rosmarin oder anderen Kräutern belegt werden.

Ricotta e cioccolato

Ricotta mit Schokolade

Vorbereitungszeit: 10 Minuten.
300 g Ricotta aus Kuh-oder Schafsmilch (als Ersatz können Sie auch mageren Quark benutzen)
Schokoladencreme
Katzenzungen.

Ricotta in die Glasschälchen geben und mit Schokoladencreme garnieren. Oben auf noch ein oder zwei Katzenzungen und servieren. Die Schokoladencreme kann auch durch Honig oder Marmelade ersetzt werden. Ganz besonders eignet sich dazu Brombeermarmelade. Vielleicht hat einer meiner Leser sogar das Glück, den Ricottafrischkäse direkt vom Bauern zu bekommen. In der Toskana gelingt es noch manchmal.

Zabaione

Eierlikörcreme

Das Eigelb mit dem Zucker schaumig schlagen, vorsichtig das steife Eiweiß unterrühren, so daß eine glatte Masse entsteht. Nun den Dessertwein Vin Santo hinzufügen. In Schälchen füllen und mit Waffeln garniert servieren. Diese Creme ist besonders kalorienreich und kräftigend und eignet sich deshalb besonders für Kinder, denen es an Appetit mangelt oder für all diejenigen, die viel in Bewegung sind. Für Kinder sollten Sie die alkoholfreie Variante zubereiten. Pellegrino Artusi meint: "... wenn nur alle Kindergerichte so beliebt und schmackhaft wären, dann gäbe es sicher weniger Geschrei auf dieser Welt."

Vorbereitungszeit:
15 Minuten
6 Eier
200 g Zucker
1/2 Glas Vin Santo
Biskuitkekse.

Sottolio

In Öl Eingelegtes

Pomodori

Tomaten

Im August reife Florentiner Tomaten auswählen, halbieren, salzen und auf ein Holzbrett legen. Jeden Tag in die Sonne stellen, bis sie vollkommen getrocknet sind. In Gläsern mit Schraubverschluß abwechselnd mit feingehackter Petersilie und Knoblauch schichten. Zusammendrücken und ganz mit Olivenöl bedecken. Die Tomaten müssen mindestens zwei Monate eingelegt sein, bevor sie verzehrt werden können. Besonders schmackhaft sind sie als Beilage zu Kochfleisch. Nach dem Öffnen der Gläser die Tomaten kühl und trocken aufbewahren. Können verschlossen etwa ein Jahr lang aufgehoben werden.

1 kg Fleischtomaten
Salz
Petersilie
Knoblauch
reines Olivenöl.

Zucchine

1 kg kleine Zucchini
1 l weißer Weinessig
1 l Wasser
Knoblauch
Rosmarin
Salz
Olivenöl.

Wasser und Essig zusammen aufkochen, salzen und die in ca. 5 cm lange Streifen geschnittenen Zucchini hineingeben. 15 Minuten kochen lassen, abgießen und 12 Stunden im Sieb lassen. In Gläser abwechselnd mit Knoblauch, frischem Rosmarin und Salz schichten.Völlig mit Olivenöl bedecken und luftdicht verschließen.

Funghi

Eingelegte Pilze

1 kg Steinpilze
1/2 l Weinessig
1/2 l Weißwein
Salz
Pfeffer
Lorbeer
reines Olivenöl.

Benutzen Sie nur frische und nicht zu große Pilze. Den Pilzhut vom Stengel trennen, mit einem scharfen Küchenmesser vorsichtig die Erde abkratzen und dann mit einem feuchten Tuch abtupfen. Die Stiele einmal kreuz und quer einanschneiden, die Hüte vierteln und fünfzehn Minuten in mit Essig und Wein gesäuertem Wasser kochen. Abgießen und zwölf Stunden trocknen lasssen. Danach in Gläser geben, Salz und Pfefferkörner hinzufügen, nach Belieben auch ein Lorbeerblatt.
Mit Öl bedecken und luftdicht verschließen.

Carciofi

Eingelegte Artischocken

Nur einwandfreie kleine Artischocken verwenden. Die äußeren harten Blätter entfernen, den grünen Teil des Stiels und die Spitze abschneiden und in zitronengesäuertes Wasser legen. Den Wein, den Essig und einen halben Liter Wasser zum Kochen bringen, salzen, und die Artischocken zwanzig Minuten darin kochen. Abgießen und zwölf Stunden abtrocknen lassen. In Gläser schichten, salzen, Pfefferkörner und Wacholderbeeren zufügen. Mit Olivenöl bedecken, einige Stunden offen stehen lassen und noch etwas Öl nachgießen, da Artischocken normalerweise einen geringen Teil des Öls aufsaugen. Erst dann luftdicht verschließen.

1 kg Artischocken
Zitrone
1 l Wein
1 l weißer Weinessig
Salz
schwarzer Pfeffer
Wacholderbeeren
reines Olivenöl.

Cavolfiore

Eingelegter Blumenkohl

Von einem großen Blumenkohl die äußeren Blätter entfernen und zerpflücken. Wasser, Essig und Weißwein zum Kochen bringen, salzen und die Blumenkohlröschen zwanzig Minuten darin kochen lassen. Abgießen, zwölf Stunden trocknen lassen und zusammen mit schwarzen Pfefferkörnern in die Gläser schichten. Mit Öl bedecken und luftdicht verschließen.

1 kg Blumenkohl
1/2 l Weinessig
1/2l Weißwein
Salz
schwarzer Pfeffer
reines Olivenöl.

Was jeder über den Wein wissen sollte

In der Tradition der Florentiner Küche nimmt der Wein schon seit jeher einen beachtlichen Platz ein, und es wäre deshalb unverzeihlich, hier nicht näher darauf einzugehen.

Aus Platzmangel kann ich mich nur auf die wichtigsten Regeln beschränken, die jedoch zum Gelingen oder Mißlingen Ihres Essens beitragen können, wenn Sie sich nicht daran halten.

1. Weine werden in folgender Reihenfolge getrunken: zuerst ein leichter Weißwein, den ein aromatischer Weißer ablöst, dann ist die Reihe am Rosé und schließlich kommen die Rotweine.

2. Likörweine dürfen nicht mit rotem Fleisch oder Wild gereicht werden, sind aber ideal für pikanten Käse und alle Desserts.

3. Trinken Sie einen Schluck Wasser, bevor Sie mit einer anderen Weinsorte beginnen. Ihr Gaumen wird es Ihnendanken.

4. Ein besonders wertvoller Wein kann zu allen Gängen gereicht werden.

5. Ausgewählte Weine wie "Brunello di Montalcino" oder ein Chianti classico müssen Raumtemperatur haben (20-22°), und mindestens eine Stunde vor dem Servieren entkorkt werden. Weine älteren Jahrgangs sollten in eine Karaffe umgeschüttet werden, damit sie mehr Sauerstoff erhalten.

Nachfolgend möchte ich die kostbarsten Weine der Toskana aufführen. Natürlich müssen sie nicht nur zu den angegebenen Gerichten serviert werden, denn das hängt nicht zuletzt vom Geschmack des einzelnen ab.

Vino

Weine

Wem mein Wein nicht schmeckt
mein Vernaccia geerntet in Pietrafitta
dem sei der Aufenthalt hier
verboten der sei verflucht
der möge meinen
Blicken entweichen.

Francesco Redi
Bacco in Toscana

Toskanische Weine

Galestro

Farbe: hellgelb mit grünlichem Schimmer. **Aroma**: fruchtig, leicht säuerlich. **Geschmack**: halbtrocken, voll. **Tischtemperatur**: 8°. **Geeignet für**: Zwischenmahlzeiten und leichte Speisen.

Vernaccia di San Gimignano

Farbe: blaßgelb. **Aroma**: delikat, blumig. **Geschmack**: halbtrocken, mundig, harmonisch. **Tischtemperatur**: 10°. **Geeignet für**: Meeresfrüchte, Schalentiere, Fisch und helles Fleisch

Vin Santo

Farbe: bernsteingelb. **Aroma**: kräftig. **Geschmack**: ausgeprägt, fast süß. **Tischtemperatur**: 10°
Geeignet für: Obst, Konditorwaren

Aleatico dell'Elba

Farbe: intensives Rubinrot. **Aroma**: fast blumig. **Geschmack**: warm, voll. Kein Tischwein. Als Likörwein gut geeignet für Konditoreiwaren.

Chianti

Farbe: lebhaftes Rubinrot. **Aroma**: fruchtig, fragrant. **Geschmack**: halbtrocken, samten. **Tischtemperatur**: 18°. Kann zu allen Gängen gereicht werden.

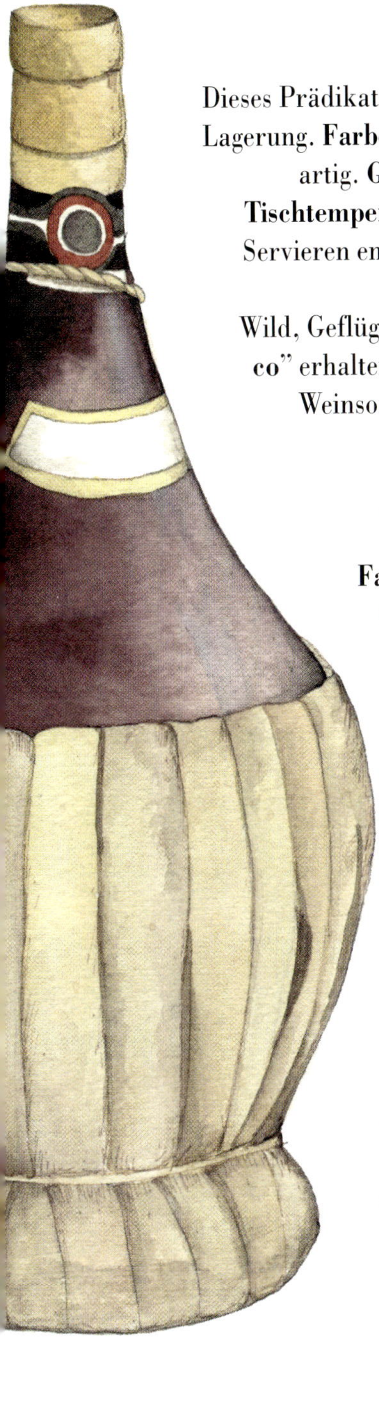

Chianti Riserva

Dieses Prädikat erhalten nur Weine mit mindestens dreijähriger Lagerung. **Farbe**: brillantes Rubinrot. **Aroma**: blumig, veilchenartig. **Geschmack**: trocken, ausgesprochen voll. **Tischtemperatur**: 20-22°, die Flasche eine Stunde vor dem Servieren entkorken. Besonders geeignet für Rinderbraten, Ente, Wild, Geflügel und reife Käsesorten. Die Bezeichnung "**classico**" erhalten nur die zwischen Florenz und Siena angebauen Weinsorten, im Chianti eben - dem traditionsreichen Weinbaugebiet.

Vino Nobile di Montepulciano

Farbe: intensives Granatrot. **Aroma**: veilchenartig. **Geschmack**: trocken. **Tischtemperatur**: 20°, eine Stunde vor dem Servieren zu öffnen. **Geeignet für:** Braten, Wild und reife Käsesorten. Dieser Wein muß mindestens zwei Jahre "altern", bevor er das Prädikat "Riserva" erhält.

Brunello di Montalcino

Farbe: Rubinrot mit granatrotem Schimmer. **Aroma**: vollblumig. **Geschmack**: weich, harmonisch, samten, fragrant, mandelartig. **Tischtemperatur**: 20-22°, Flasche eine Stunde vor dem Servieren entkorken. Paßt ausgezeichnet zu schweren Braten und Wildbret. Dieser Wein muß mindestens vier Jahre lagern, bevor er in den Verkauf kommt. Um die Bezeichnung "**Riserva**" zu erhalten, bedarf es sogar einer fünfjährigen Lagerungszeit.

Abbrühen: etwas für wenige Sekunden in heißes Wasser tauchen.
Abgieflen: Die am Flaschenboden abgelagerten Stoffe vom Wein trennen.
Abhängen: Lagerzeit, die rohes Fleisch braucht, um zart zu werden (mind. 3 Tage in einem kühlen und trockenen Raum).
Abkochen: etwas in Wasser kochen.
Abkühlen: Senken der Temperatur, indem man Speisen in kaltes Wasser oder in den Kühlschrank stellt.
Abreiben: durch kratzen mit dem Messer (oder -rücken) die Schale oder den Schmutz entfernen.
Abschmecken: Gewürze u. a. geschmacksmäflig abstimmen.
Abschrecken: Kochende/bratende Speise mit kalter Flüssigkeit übergieflen.
Absieben: etwas durch ein Sieb schütten.
Anbräunen: etwas im heiflen Fett goldgelb werden lassen.
Angebratenes Gemüse: Feingehacktes Gemüse, das in Fett leicht angebraten wird.
Aufgehen: Den Hefeteig gehen/ruhen lassen.
Aufwärmen: etwas nochmals auf die Flamme oder in den Ofen stellen.
Auslegen: Form mit Papier, Teig, Keksen oder Gelee ausschichten.
Ausnehmen: Die Innereien entfernen.
Auspressen: besonders Zitrusfrüchte so zusammendrücken, daß der Saft ausfließt.
Ausrollen: Teig mit einem Nudelholz plätten.
Bei starker Hitze: Speise auf großer Flamme anbraten/anrösten.
Bemehlen: Unterlage mit Mehl bestreuen.
Binden: Die Zutaten einer Sauce durch Einkochen miteinander verschmelzen, evtl. durch Zugabe von Stärke.
Bißfest: Art des Kochens, bei der die Zutaten nicht zu weich werden.
Blätterteig: Art eines mm-dünn ausgerollten Teiges.
Blutig: Beim Braten des Fleisches bleibt das Innere blutig rot.
Braten: etwas im Fett im Backofen kochen, so daß eine Kruste entsteht.
Brühe: Flüssige Grundlage für Suppen und Saucen, Gemüse- oder Fleischbrühe.
Creme: dickflüssige salzige oder süße Masse.
Dünsten: Gemüse im Fett auf kleiner Flamme garen.
Einkochen: Eine Sauce durch Kochen dickflüssiger machen.
Eintunken: etwas in eine Flüssigkeit tauchen.
Einweichen: Nahrungsmittel im Wasser weich werden lassen.
Entfetten: Das Fett von erkalteten Gerichten abschöpfen.
Enthülsen: Das Schälen von Hülsenfrüchten.
Filett: Bestes und zartestes Stück vom Fleisch oder Fisch.
Filtern: Flüssigkeit durch ein Haarsieb oder Papierfilter geben.
Frittieren: Speisen bei 170° in ausreichend Fett kochen.
Garnieren: ein fertiges Gericht sorgfältig dekorieren.
Glätten: bei einem fertigen Gericht Butter oder Käse unterrühren.
Gratinieren: etwas im Ofen überbacken, so daß die obere Schicht aus Semmelbrösel oder geriebenem Käse eine Kruste bildet.
Grillen: etwas über dem Holzkohlengrill oder im Backofen grillen.
Häppchen: Geröstetes Brotstück mit Sauce.
Julienne: Schnittart, durch die die Fadenbildung bei Gemüsen vermieden wird.
Köcheln: etwas auf kleiner Flamme langsam im Fett

schmoren lassen, bei geschlossenem Topf.
Kräutersträußchen: Bund, bestehend aus Petersilie, Basilikum, Thymian, Sellerie und Lorbeer.
Messerspitze: Menge, die auf die Spitze eines Messers gegeben werden kann.
Mit Sauerstoff anreichern: Umschütten des Weines aus der Flasche in eine Karaffe o. ä.
Passieren: etwas durch ein Haarsieb drücken oder zu Brei zerdrücken.
Pinzimonio: roher Gemüsedip (Selleriestangen, Artischocken, Fenchelknollen), hergestellt aus Olivenöl, Salz, Pfeffer
Präparieren: das Vorbereiten der Zutaten nach Angaben des Rezepts.
Prise: die Menge, die man zwischen zwei Fingerkuppen nehmen kann.
Püree: Passiertes Gemüse, Hülsenfrüchte oder gekochtes Obst.
Rad: kleine runde Scheibe.
Rösten: etwas in Fett anrösten
Roulade: Fleisch- oder Fischscheibe, in die eine Füllung gewickelt wird.
Sauce: Flüssigkeit, die beim Braten oder Kochen entsteht und zu anderen Gerichten gereicht wird.
Säuern: etwas durch Zugabe von Zitronensaft oder Weinessig ansäuern.
Schälen: nicht verwertbare Teile von etwas abschneiden, die Schale entfernen.
Schicht: Schichtung der verschiedenen Zutaten.
Schlagen: Fleisch zärter machen oder eine Zutat kräftig bearbeiten.
Schmoren: etwas mit Flüssigkeit und Gewürzen auf kleiner Flamme kochen.
Schwenken: Gemüse oder ä. kurz in Butter oder anderem Fett durchkochen, um ihm einen bestimmten Geschmack zu verleihen.
Streuen: Art und Weise, das Mehl über die anderen Zutaten zu geben.
Temperieren: den Wein auf Raumtemperatur bringen.
Toasten: etwas im Rohr, über der Flamme oder im Fett anrösten (meist Brot).
Untermengen: eine Zutat vorsichtig unter eine andere heben, so daß eine glatte Masse entsteht.
Verbinden: Flüssigkeit mit Fettstoffen gleichmäßig vermischen.
Verdicken: eine Sauce durch Einkochen sämiger machen.
Verdunsten: (besonders Wein) einkochen lassen.
Vermengen: Alle Zutaten gleichmäßig miteinander vermischen.
Verquirlen: etwas energisch mit dem Schneebesen oder Gabel verrühren.
Wasserbad: Speise in einem Behälter in sehr heißes Wasser stellen und so garen oder schmelzen.
Würfel: Brot- oder Gemüsewürfel, die einer Speise zur Geschmacksverbesserung beigegeben werden.
Zähflüssig: Art und Weise, wie eine Creme vom Löffel fällt.
Zudecken: Mit einem Deckel verschließen.
Zu Schnee schlagen: Mit einem Schneebesen oder ähnlichem solange schlagen, bis sich das Volumen vergrößert.

Alphabetisches Verzeichnis der Rezepte

Allgemeine Übersicht